经典洞窟

手机扫一扫，看视频、听音频

视频

莫高窟

飞越敦煌

一事一生，一人一窟
赵声良

一事一生，一人一窟
苏伯民

一事一生，一人一窟
王惠民

一事一生，一人一窟
赵晓星

音频

《经典洞窟》
全书朗读

2021年主题出版重点出版物

写给青少年的

敦煌故事

敦煌研究院 编　　赵声良 主编

经典洞窟

赵晓星 著

读者出版传媒股份有限公司
甘 肃 教 育 出 版 社

图书在版编目（CIP）数据

写给青少年的敦煌故事. 经典洞窟 / 敦煌研究院编 ; 赵声良主编 ; 赵晓星著. -- 兰州 : 甘肃教育出版社, 2021.12

ISBN 978-7-5423-5324-5

Ⅰ. ①写… Ⅱ. ①敦… ②赵… ③赵… Ⅲ. ①敦煌学—青少年读物 Ⅳ. ①K870.6-49

中国版本图书馆CIP数据核字（2021）第277124号

写给青少年的敦煌故事 经典洞窟

敦煌研究院 编　赵声良 主编　赵晓星 著

策　　划　王光辉　薛英昭　孙宝岩
项目负责　伏文东　王露莹　何佩佩
责任编辑　何佩佩
装帧设计　石　璞　雷们起　张小乐
视频支持　敦煌研究院　敦煌市融媒体中心
图片支持　敦煌研究院
音频支持　甘肃飞天电子音像出版社

出　版　甘肃教育出版社
社　址　兰州市读者大道568号　730030
网　址　www.gseph.cn　E-mail　gseph@duzhe.cn
电　话　0931-8436489（编辑部）　0931-8773056（发行部）
传　真　0931-8435009
淘宝官方旗舰店　http://shop111038270.taobao.com

发　行　甘肃教育出版社　印　刷　山东新华印务有限公司
开　本　787毫米×1092毫米　1/16　印　张　16.5　字　数　155.8千
版　次　2021年12月第1版
印　次　2021年12月第1次印刷
书　号　ISBN 978-7-5423-5324-5　定　价　58.00元

总序

敦煌石窟包括莫高窟、榆林窟、西千佛洞等，共800多个洞窟，其中有5万多平方米的壁画和2000多身彩塑。1900年在莫高窟的藏经洞出土了6万多件古代珍贵文献和艺术品。这些无限丰富的文物，构成了敦煌文化的主体。

那么敦煌文化到底有什么价值和意义呢？习近平总书记在敦煌研究院座谈时指出，敦煌文化是各种文明长期交流融汇的结晶。敦煌文化展示了中华民族的文化自信。

敦煌作为中国古代通向西域的重要门户，中华文明同来自古印度、古希腊、古波斯等不同国家和地区的思想、宗教、艺术、文化在这里汇聚交融。敦煌文化就是中外文化交流的结晶，它见证了中华民族和丝绸之路沿线的各国各民族共同推动人类文明向前发展的历史。敦煌文化还体现了中国文化的包容性，包括对宗教的包容、民族文化的包容、审美价值取向的包容。这种包容性使敦煌文化具有世界性。

100多年前，敦煌藏经洞文物流失海外，引起了各国学者对这些文献的研究，形成了世界性的学科——敦煌学。经过100多年的发展，今天，世界上已有20多个国家的学者在进行敦煌学和相关领域的研究，敦煌学成为中外学者相互交流的重要内容。我国的敦煌学研究曾经历了曲折的阶段，从最初“敦煌在中国，研究在国外”的状况发展到了今天学术研究走在世界前列。特别是改革开放以来，中国的学者对敦煌文化各个领域都进行了深入研究，推出了越来越多的研究成果，极大地促进了相关科研、教育及文化建设的发展。今天我们正处在中华文化振兴和繁荣的大时代，挖掘并传播弘扬优秀传统文化，是我们研究者义不容辞的责任。

文化是需要传承的。我们要将敦煌文化广为传播，让全社会都了解敦煌，并从敦煌文化中获得中华优秀传统文化的滋养，从而更好地弘扬传统文化，树立文化自信。青少年是祖国的未来，让我国的青少年从小就学习、了解敦煌文化的真髓，有利于他们正确把握我国优秀传统文化的精神。本套丛书就是希望通过青少年喜闻乐见的方式，以适合青少年年龄特征和阅读习惯的文字，深入浅出地把敦煌文化传递给他们。希望越来越多的青少年朋友们通过这套丛书了解敦煌文化、热爱敦煌文化，并从中获得丰富的知识和灵感，提高自身的文化艺术素养。

2021年12月

目录

引 言

谁开凿了敦煌第一个洞窟 / 003

敦煌“年纪”最大的洞窟 / 006

穿越时间的绕行 / 009

九色鹿的家在这里 / 013

静下心来一笑千年 / 016

历史的层层累积 / 020

佛陀碰上的大考 / 023

仙境里热闹非凡 / 026

洞窟也能当标尺 / 032

佛龛也可以画上去 / 039

好一匹桀骜的枣红马 / 041

集资修建的大工程 / 043
墙壁上的连环画 / 048
洞里有座须弥山 / 055
华丽丽的面料大观 / 060
壁画里的迷宫畅游 / 065
大肚弥勒的青葱岁月 / 071
世间苦乐的预言者 / 075
长安时辰的上元灯会 / 079
一代女皇与大佛像 / 084
看这喧闹的人世间 / 089
盛世里的胡风胡将 / 091
皇帝的高僧师父们 / 095
走进幻化的城池 / 101
彩塑里的唐人群像 / 104
大唐生活的实况直播 / 109
唐代画师的高手过招 / 113

古人对未来的憧憬 / 120
向上看的造像艺术 / 123
豪门李大宾的开窟盛典 / 126
吐蕃人来到富庶的瓜州 / 132
小洞窟里的大乾坤 / 136
阴嘉政的满腹心事 / 145
神奇佛像小展览 / 150
众生纷扰我自安然 / 154
吐蕃赞普与中原帝王的对峙 / 160
珠光宝气与小清新 / 163
收复河西的英雄画卷 / 166
意外发现的宝藏洞窟 / 173
佛教偶像大变身 / 178
高僧翟法荣的升职纪念 / 184
高龄索义辩未完成的事业 / 188
奴婢喜和母女的心愿 / 193

确立地位的崖面选址 / 196
亲戚间的权力之争 / 201
何法师的观景台 / 206
一窟之中宛然三界 / 209
文殊菩萨搬家啦 / 212
学院派的程式化 / 216
释迦牟尼的八座纪念塔 / 220
穿龙袍的回鹘可汗 / 227
那些住世的罗汉们 / 230
观音菩萨的变装秀 / 233
武官赵麻玉一家 / 237
唐僧玄奘的瓜州历险 / 240
仿佛唐卡挂满洞窟 / 243
参考文献 / 249

引言

敦煌，是古代丝绸之路的重镇，东西方文明的交汇处。“敦，大也。煌，盛也！”敦煌，在中国历史上曾经是一个又大又繁华的地方。在这方被黄沙戈壁占据的土地上，一条条蜿蜒穿过的河流带来一片片绿色的生机。在大河岸边的断崖上，那些远远望去状如蜂房的一处处石窟，记录着从4世纪至今丝绸之路上一千六百多年间的世事变迁。

在佛教兴盛的时代，古代敦煌人将无限的智慧投入石窟的营建当中，为我们保留了全世界规模最大、内容最丰富的佛教艺术长廊。但如果单纯把敦煌石窟看作是一座座艺术宝库，或是佛教遗址，我们对它的了解还远远不够。一窟一世界，每一个洞窟都是一个时代的投射、一段中华文明史的缩影。

敦煌石窟群洞窟数量庞大，仅其中最具代表性的莫高窟就有735个洞窟。那些洞窟为什么开凿，如何观看？当我们置身其中时，除了被眼前布满墙壁的绘画震撼之外，每一个洞窟其实都在向我们倾诉着一段丝路的过往。对于漫长的一千六百年来说，历史上的每一个路过者都仿佛一粒微尘，在岁月的长河中不经意间就被淹没了。

偏偏因为有了敦煌石窟，那些在壁画上定格了时间的营建者，能够让我们在千年之后的今天追忆他们当年的心路历程。这里，留下了第一个开窟人乐僔见到的奇幻世界，抒发了“落蕃人”阴伯伦的思唐之情，描绘了英雄张议潮的归唐壮举，也倾诉了喜和母女舍贱从良的满心期盼……

物质文明就像是历史的镜子，能够映射出不同时期历史的真相。如今当我们走进一个洞窟静下来观看时，不妨听一听它开凿的故事，一起走进一千年来每一个开窟者的内心世界。

谁开凿了敦煌第一个洞窟

官方史书大都专注于记载大人物和大事件，比如秦始皇统一六国、汉武帝开拓西域。对于一个无名之辈在一座西北小城附近的山上凿出第一个洞窟，这样一件在历史洪流里夹杂的芝麻绿豆大的小事，忙碌的史官们无暇顾及也不可能写进正史。今天的我们，怎么知道一千六百多年前敦煌的开窟故事？这源于唐代人刻进石碑和写在墙壁上的两段文字。

李克让修莫高窟佛龛碑　圣历元年（698）

圣历元年（698）《李克让修莫高窟佛龛碑》原立于莫高窟第332窟前室，1921年被流窜到敦煌的白俄匪军所毁，现在仅存一方残碑，收藏于敦煌研究院。碑文在追溯唐人李克让修窟的心路历程时，交代了莫高窟的创建故事。同样在

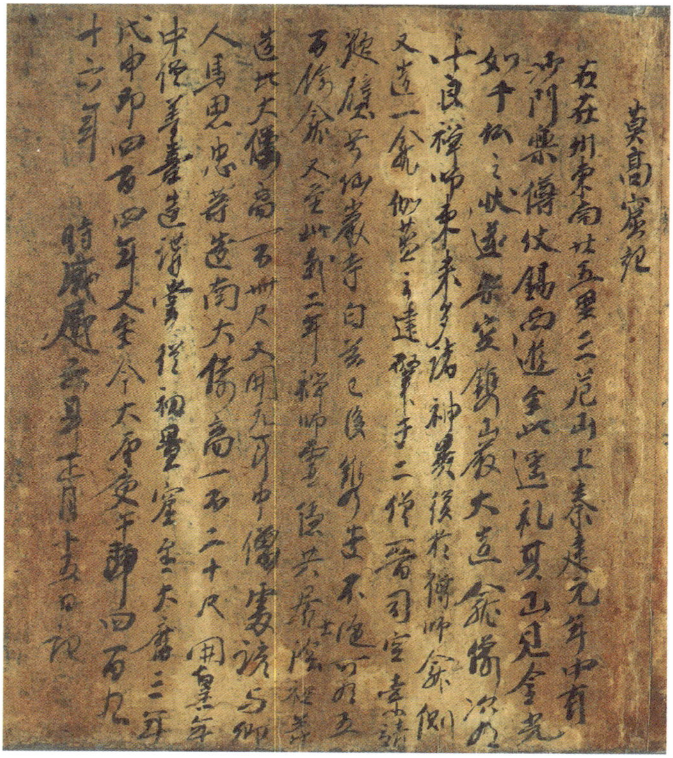

敦煌文献 P.3720V《莫高窟记》 咸通六年（865）

唐代，咸通六年（865）有人在敦煌莫高窟第156窟前室北壁的上方，给莫高窟写了一段小史——《莫高窟记》。这些文字的底稿后来还被封存进了藏经洞。1900年藏经洞被发现后，我们把石碑、墙壁上的文字和纸上的文字对照读出来，唐代以前的莫高窟小史就清晰地浮现在眼前……

早在西晋时期，大书法家索靖曾在莫高窟崖壁上挥毫书写过“仙岩寺”三个字，说明那时这里可能就有寺院存在。在东晋十六国时期，敦煌是十六国之一前凉的一块属地。一个名叫乐僔的和尚，像当时许多僧人那样，不畏路途艰险，一路跋山涉水，从东往西参拜名山圣迹。前秦建元二年（366），他横渡流沙，到达敦煌，来到离州城有二十五里的三危山前。身处隔河相望的三危山和鸣沙山之间，乐僔在这里禁不住遥拜大山，起身仰望时忽然看到金光千佛的神奇景象。

现在我们知道，“金光”其实是自然界在一些特殊气候、地理环境条件下，形成的较为常见的一种大气光象，而“千佛”则是观者自己的身影投射到光环中所形成的。莫高窟的“金光”和“千佛”是在光的“衍射—反射”成像原理下形成的，是一种在云雾山地常见的大气光学现象，俗称“宝光”，以往在峨眉山多见，故有“峨眉宝光”之说。实际上，宝光在黄山、庐山、五台山等地区，甚至在一些稍有起伏的平原地带都可以看到，乘飞机在云上飞行时更是司空见惯。

可是一千六百多年前的乐僔并不具备现代人的科学知识，他坚信这是佛祖显灵，萌发了在这里开凿石窟的念头。于是，乐僔在鸣沙山断崖前住了下来，一边坐禅修行，一边在峭壁上架空凿险，建造石窟。在乐僔的不懈努力下，多年以后，终于在山上凿建出了第一个洞窟，莫高窟自此创建。乐僔之后，又一位叫法良的禅师来到这里。他同样看到了在乐僔面前显现过的奇异景象，于是就在乐僔窟旁开凿了莫高窟的第二个洞窟。此后，这里的僧侣、香客、朝拜者络绎不绝。人们纷纷在这里建寺、开窟造像，规模越来越大。法良虽然不是第一个在此开窟的人，却与乐僔一同被认为是莫高窟开窟的鼻祖，成为敦煌石窟最早的创建者。

敦煌『年纪』最大的洞窟

虽然文字记载敦煌最早的洞窟开凿于前秦，但我们现在能看到的敦煌“年纪”最大的洞窟是北凉凿建的。北凉，这个名字对于多数人来说是陌生的，它只是东晋十六国中的一个小国。在中国漫长的历史长河中，它就像一颗细小的沙粒，无论从它曾统治的地域，还是它存在的时间来看，它都显得那么微小与短暂。那么，北凉究竟是一个什么样的政权呢？

北凉政权的建立者沮渠蒙逊，临松卢水胡人，就是世世代代居住在卢水的少数民族。沮渠蒙逊不仅通晓汉文，而且博览史书，具有雄才大略。公元401年，沮渠蒙逊聚众万人攻占张掖，改元永安，建立北凉政权。411年，沮渠蒙逊占据姑臧城，第二年迁都于此，自称河西王，改元玄始。421年，沮渠蒙逊占领敦煌城。整个东晋时期中原混战、社会动荡，河西却成为避难的好地方，一时大儒云集，文化兴盛，史称“天下丧乱、凉州独全”。

河西的安定富庶为凿建敦煌石窟提供了物质上的支持，文化的繁荣又为营建洞窟提供了精神上的条件。于是，我们今天看到，即使在北凉统治河西、敦煌相对萧条的这段时间，仍有令人赞不绝口的艺术珍品留存下来。敦煌现存“年纪”最大的洞窟为莫高窟的“北凉三窟”，即莫高窟第268、272、275三个洞窟，每个“年纪”都近一千六百岁。

被认为最老的莫高窟第268窟，是一个典型的禅窟，主要用于坐禅修行。坐禅，是一种让人安安静静坐下来思考的修行方式。这个洞窟的空间就像一条狭长的走廊，走廊的两侧各有两个小洞。每个洞的空间都很狭小，只能容纳一个人在里面打坐。这种小洞，就是坐禅用的禅室。禅室的墙壁最初全涂成白色，隋代重修时被涂成土红色并画上了千佛。在走廊的尽头，也就是洞窟的西壁，塑着一身佛像。佛像交脚而坐，身穿红色袈裟，布料轻柔贴体。佛被认为是大彻大悟的人，是修行者能够达到的最高境界，因此佛像往往占据着洞窟中最重要的位置，成为现实修行者学习的榜样。

莫高窟第268窟　西壁　北凉

莫高窟第268窟　主室内景　北凉

穿越时间的绕行

每个人的人生其实都只有三天，那就是昨天、今天和明天，也就是过去、现在和未来。我们常常想要穿越时间，钻进《哆啦A梦》中大雄书桌的抽屉，去看看这一刻之前或之后的世界。石窟也一样，有时候它也想让我们，在洞窟这样一个小小的空间来一次时间穿越之旅。窟门又不是神奇的随意门，怎么穿越？

当我们推开北魏莫高窟第254窟的窟门时，一束阳光照了进来。为了能让洞窟显得更明亮，古人在窟门上方还开了一个叫作“明窗”的小窗户，加大采光的面积。映入眼帘的，是从地面直通窟顶的方柱，这个方柱象征着佛塔，所以被称为“中心塔柱”，这种洞窟也就被叫作“中心塔柱窟”。塔柱前部为人字披顶，这是模仿中国古代民居的屋顶，下方宽敞的殿堂可供僧侣及信众聚集瞻仰礼拜。塔柱后部形成可以绕行的通道，便于信徒绕塔观佛。

这个洞窟的壁画，绘制了大面积的千佛。佛经中说，过去的世界曾经有一千人成佛，现在的世界也有一千人成佛，未来的世界还会有

莫高窟第254窟　主室内景　北魏

一千人成佛。也就是大乘佛教的三世三千佛。壁画里的千佛有时未必是一千个，所有这种绘制很多很多小佛像的壁画都可以称为“千佛”。敦煌隋代以前的洞窟，大多在四壁和窟顶，画满了一个又一个的小佛像，有的洞窟还贴满了影塑小千佛。为了使这些小佛像既符合佛家的教义思想、起到供奉的作用，又整齐美观，大都做得规整统一。他们横成排，竖成行，直看斜看都成列。小佛像形成光光相接的效果，给人以神秘莫测之感，增加了佛教的感染力。

这个洞窟的千佛每壁各有五排，造型完全一样，仅敷色略有差异。每一佛像均有头光和身光，取端坐之态，双手交置于足上，面圆耳长。由于年代久远，所以部分颜料发生了变色，描绘轮廓的线条变得又黑又粗，面部的墨线已经脱落，代之以典型的白鼻梁、白眉棱、白眼眶、白下巴组成的小字脸。此外，每一个小佛像旁原来都有榜题，上面写着他们的名字，部分现已模糊不清，但还有一些可以辨认出来。将榜题与佛经核对之后发现，以西壁中轴线划分，一侧为过去千佛，另一侧为未来千佛，加上中心塔柱佛龛里释迦牟尼所代表的现在佛，正好符合三世佛的意义，这在敦煌石窟是唯一的。所以，当我们在洞窟中绕着中心塔柱行走时，便象征着已经经历了过去、现在、未来三个时间，实现了一次穿越时间的旅行，这就是古代画师的智慧。

九色鹿的家在这里

1981年，上海美术电影制片厂出品了中国本土动画的经典之作《九色鹿》。那只美丽优雅闪闪发光的善良白鹿，成为几代人童年的记忆。这部动画片是根据敦煌壁画《鹿王本生图》改编的，想知道动画里那只既温柔又刚毅的九色鹿的家在哪里吗？它的家就在北魏莫高窟第257窟。

莫高窟第257窟　中心柱东向面倚坐佛　北魏

这是一个中心塔柱窟，塔柱的正面塑着一尊双脚自然垂下的倚坐佛像。他穿的袈裟紧贴着身体，看起来好像湿漉漉的，难道佛陀被雨淋湿了衣衫吗？不，这其实是当时流行的一种塑像样式，后来在绘画中被称为“曹家样”。曹家样，是对北齐画家曹仲达艺术风格的俗称。曹仲达擅长画佛像，他画的人物看起来衣服都紧贴着身体，就像刚刚从水中出来一样，被称为“曹衣出水”。这尊佛像虽然呈现出明显的“曹衣出水”的特点，然而敦煌地区的这种样式是从西域传入的，比曹仲达早一百多年呢。

佛陀身后那一个又一个圆圈似的东西是什么？传说佛与常人不同，他的身体光辉熠熠。所以佛的背景经常绘成光圈式的装饰图案，来表现佛陀身体发出的光芒。以头部为中心的光圈被称为“头光”，以后背为中心的被称为“背光”，以整个身体为中轴线的被称为“身光”。这些光圈中往往以各种图案进行装饰，像这尊佛像背后的光圈中就有火焰纹、莲花化生和飞天。特别是那些蓝色的火纹，是用颜料中最昂贵的青金石绘成，在黑暗的洞窟中仍然隐隐发出宝石的光泽。青金石，是通过丝绸之路由阿富汗传入中国的一种蓝色宝石，是古代东西方物质交流的见证之一。

看了这么久，怎么没见到九色鹿？九色鹿故事绘在洞窟的后壁上，因为刚好被中心塔柱遮挡，所以站在洞窟前面是看不全的。这幅画采用横卷连环画的表现形式，按两头开始、中间结束的特殊顺序布局绘

制。佛经中说，在很久以前，印度有一只神鹿，它头上的角像雪一样洁白，它身上的毛有九种颜色，所以被称作九色鹿。九色鹿经常在恒河边吃草饮水，有一只乌鸦常跟它相伴。一次，有一人掉入恒河顺流而下，在河中拼命呼救。美丽的九色鹿听到呼喊声，将溺水人从河中救出驮到岸上。溺水人想要报答九色鹿，而九色鹿说不需报答，只要溺水人不泄露它的行踪就好，溺水人受教离去。

后来，这个国家的王后梦见九色鹿，她要求国王捕捉九色鹿，要剥鹿皮做坐褥，用鹿角做拂柄。国王布告悬赏，能得九色鹿者愿以半壁江山相赠。溺水人见利忘义，到宫廷告密，并带领国王一行捕捉九色鹿。众人进山之时，九色鹿正在山中睡觉，一无所知。好友乌鸦唤醒九色鹿时，溺水人带着国王及大队人马已到面前，九色鹿毫无畏惧，向国王诉说了溺水人忘恩负义的经过。国王深受感动，放了九色鹿，并下令全国保护这只美丽的神鹿。溺水人因违背了自己的誓言，口吐白沫、全身生疮。这个故事实际上是教化人们要信守诺言。本窟绘制的九色鹿壁画，是整个敦煌壁画描绘这一题材的唯一一例。

莫高窟第257窟　主室西壁　九色鹿故事画　北魏

静下心来一笑千年

在我们的印象中，佛像总是高高在上、端正威严地或坐或站，仿佛严肃冷峻的表情、坐得端或是站得直才是佛像的标配。北魏时期的塑像，无论是佛还是菩萨，却常常面带微笑。那一边低头思考一边嘴角含笑的神情，仿佛想起了一个喜欢的人或者一件高兴的事，脸上不经意就流露出装在心里的满满幸福。当我们推开莫高窟第259窟窟门时，立时就能体会到“岁月静好”这四个字的含义。

与中心塔柱窟不同，这个洞窟的方柱没有彻底脱离后壁，而是在壁面上凸塑出半个方柱来表现塔身。这样一来，洞窟后部就没有被塔身遮挡的幽暗通道，整个窟内都显得非常明亮。很多窟中佛龛里都只有一尊佛像，为什么这里塔柱正面的佛龛里有两尊佛？佛经中说，佛祖释迦牟尼在讲《妙法莲华经》时，忽然从大地中冒出一座佛塔。释迦佛祖打开塔门后，看到一位法号“多宝”的佛坐在里面。多宝佛侧了侧身，让出半个座位给释迦牟尼。释迦牟尼应邀坐进塔中，和多宝佛一起说法。所以，这个洞窟后壁的两尊佛像就是表现释迦佛和多宝

莫高窟第259窟　西壁正龛　二佛并坐　北魏

佛一起在塔中说法的情景。两尊佛像均一腿盘起、一腿垂下，就像两位久别的老友重逢后促膝交谈。

在这个洞窟中，还有一尊被誉为“东方蒙娜丽莎”的佛像，位于北壁下层龛由里向外数第三龛。这尊坐佛高0.92米，波发高髻，脸面浑圆，耳大垂肩，挺胸收腹，体态端庄，比例适度，双腿盘坐，双手在腹前重叠作禅定印。他身披的深红色袈裟在膝前呈三莲瓣状自然下垂。阴刻衣纹流畅自如，疏密有致，袈裟紧贴躯体。人物身体结构严整，脸面和胸部精刻细作，使之显得细腻滋润，富有血肉感。特别是弯眉下微睁俯视的双眼，约略隆起的鼻翼，嘴角微翘和深深陷进的两个小窝，弯如半月形的双唇，都展现出一种发自灵魂深处的会心的微

莫高窟第259窟　北壁　禅定佛　北魏

笑。这尊佛像充分体现出了我国传统艺术作品中以形写神、有主有次、形神兼备的特点。

为什么这尊坐佛要塑得如此传神，要表达他怎样的心境呢？北魏时期，北方地区注重坐禅修行，这身禅定佛正是坐禅者的一个榜样。众所周知，坐禅时经常要不吃不喝不动很长时间，以打坐为主，摒除思想中的一切杂念。对一般人来说，这种方式是比较单调痛苦的。但一个真正的禅修者，传说当他坐禅达到一定境界时，会自然而然由内心生出一种喜悦的感受，这种感受被称为“禅悦”。这身坐佛像正是在表现进入禅悦的状态。佛的嘴角微微上翘，浮现出一种含蓄的发自内心满足的微笑。能把这种表情刻画得如此到位又带有几分神秘感，难怪这尊彩塑被众多游客誉为“东方蒙娜丽莎”。但请一定记得，我们的禅定佛要比蒙娜丽莎早一千年！

历史的层层累积

有人说，莫高窟是“史上最强的室内装修”，这句话非常形象。很多洞窟在初次凿建并绘制壁画后，即使最初的壁画绘得极为精美，也可能在几十年或几百年后因为原来的壁画旧了或者破损，甚至仅仅是壁画里的内容不再流行了，后来的人就会重新利用壁面绘上当时流行的内容。跟现在家里装修一样，当我们的新家住久了，墙面会越来越脏，局部还可能掉皮，装修风格也越来越显得过时。这时候，很多人会考虑重新装修一下，让家里焕然一新。古人也有这种行为，洞窟的重新装修被称为“重修”。重修后的洞窟经过若干年，新修的表面慢慢也会变旧破损，位于底层前代的壁画显露出来，就呈现出充满历史感的重层壁画。

重层壁画指重修洞窟时，在前代壁画上重绘的壁画。莫高窟重层壁画隋唐时已出现，盛于北宋。五代、北宋部分重修的洞窟有两百多个，而重修一般都会重绘壁画。有时候，一个洞窟内部可能不只被重修一次，在一些洞窟我们现在可以看到叠压两层、三层甚至更多层的

莫高窟第263窟　南壁（局部）　重层壁画　北魏、北宋

重层壁画。重绘壁画有三种情况：（1）在前代壁画处砌土坯、抹泥，然后刷白粉绘画，这种方法多用于改建窟内的甬道，形成重层甬道。（2）在前代壁画上直接刷一层很薄的白粉然后绘画。（3）在前代壁画上覆盖草泥一层，然后刷白粉作画。这时往往会专门划毛原来底层的早期壁面，这样重抹泥壁时就能够更好地与原来的墙面黏合。也有部分底层壁画未被划损但仍略有损伤的，比如我们现在看到的莫高窟第263窟。

这个洞窟凿建于北魏时期，北魏的壁画以土红色作为底色。大概在北宋时期，有人对洞窟进行了改造，在洞窟前部砌了两个小室，可能是用来存放物品的。改造洞窟内部空间的同时，对全窟进行了重修，在墙面敷泥后画上了以绿色为底色的新壁画。我们现在看到的南壁，土红色的底层壁画就是北魏时期画上去的，左边绿色的表层壁画是北宋时期画上去的，全部是坐在莲花里的小佛像，这也是千佛，代表世界上有很多的佛。

从这面墙上，我们可以看到北魏和北宋绘画的巨大差别。北魏的人物画，线描多采用铁线描，色彩上以石青、石绿与土红相配合，形成明朗而强烈的画面效果。北魏的人物造型，身材修长，极具动感。北宋时期，由于敦煌当地工匠的艺术水平下降，重修洞窟时经常大面积绘制千篇一律的千佛，人物缺乏个性特征，更多的是一系列的连续图案。但不管是北魏的飘逸还是北宋的沉稳，都反映出那个时代的流行风尚和审美情趣，让我们看到在一面墙壁上层层累积的历史。

佛陀碰上的大考

从六岁上学或者更小的时候开始，我们每个人的人生被无数次的考试包围，甚至在完成学业很多年之后，有时仍然会在梦中手忙脚乱地应对考试。考试伴随着我们整个少年时光，我们在考试中检验自己并慢慢长大。佛祖释迦牟尼是个妥妥的学霸，年幼时学过各类知识技艺，逢考必过还能超过自己的老师。但是他也经历过一场艰难的人生大考，那就是他要选择未来走哪条道路。

乔达摩·悉达多二十九岁时，因为看到世间的老、病、死，感慨人生无常，决定出家苦修。他来到尼连禅河畔静坐，每天只吃一麻一米。就这样过了六年，小鸟都在他的头发中做了窝。这样就能通过考试吗？不行，因为他没想出答案，这场大考并没结束。终于有一天，他明白这种把自己饿得皮包骨头的“苦修”，不是人生大考的标准答案。于是，佛祖起身到尼连禅河洗了个澡，又吃了牧牛女供奉的乳糜。在恢复了体力之后，他来到一棵菩提树下重新思考。

在他就快想出正确答案时，有一群人来干扰他。其实这群人就是每个人心里都会有的那些分散注意力的思绪。这些胡思乱想化作魔王波旬带领的魔军和魔女，或以武力威胁，或媚姿诱惑。释迦牟尼最终排除了思想上的杂念，降伏了波旬等一干魔众，悟出了他人生大考的正确答案，后人把这一事件称作“悟道成佛”。从这一刻开始，他悟出了解脱人生苦恼的真理，这次人生大考的正确答案就是后来他创立佛教的核心思想——四谛。四谛，就是在发现烦恼的根源后，通过修行彻底摆脱烦恼的方法。从这一天起，这个原名乔达摩·悉达多的人，才成为释迦族的圣人“释迦牟尼”，也就是后来人们说的佛陀。

在西魏开凿的莫高窟第248窟中，有一身释迦牟尼的苦修像，可以看出佛陀曾经历的磨难。这身塑像双腿盘坐，双手笼入袖中，形貌已

莫高窟第248窟　中心柱西向龛　苦修像　西魏

莫高窟第248窟　中心柱东向面　佛像　西魏

是“身肉为消尽，唯其皮骨存”。塑像头部微微向下俯视，颧骨高高突起，两颊清瘦并有些凹进，眼睑垂沉，眼窝深深陷入，目光呆滞无神，紧闭嘴唇，形容枯槁，精神憔悴。轻薄的袈裟紧贴在干瘪的躯体上，透过衣服可看见胸部根根突起的肋骨、凹陷下去的腹部，如中国古代所谓的天将降大任的人，极具“苦其心志，饿其体肤”的修道者形象。匠师精确掌握了人体的解剖结构，所以塑像造型极为逼真，形神兼具，是苦修像中的精品。

在本窟中心柱的正面，我们还可以看到完成人生大考后的佛陀。他结跏趺坐于莲台之上，神情端庄，微微下视，举起右手，似乎正在说法。这时的他，摒弃了错误的解题方法“苦修”，不再像苦修时那样虚弱和疲惫。他重新恢复了健康，挺直饱满的身体在袈裟下隐隐透出力量感，面部表情也变得淡定和自信了。所以，古人在绕着中心塔柱观赏佛像时，可以看到佛陀在人生大考前后两种截然不同的状态。每个人的人生都会面临着不同的大考，在寻找答案的同时可能会经历很多艰辛，但当我们认真思考最终交上满意的答卷时，我们就又在成长的路上迈进了一步。

仙境里热闹非凡

在科学不发达的中国古代，长生不老、羽化成仙曾经是每个人的愿望，甚至是不少皇帝终生追求的目标。想长生不老，想有一天能成神仙，就要去寻找神仙生活的地方。古人心中的仙境是什么样？神仙长什么样？那里有小怪兽吗？佛教从印度传入之后，为了能够更好地在中国传播，也把中国传统的仙境绘入佛教石窟，以中国古人熟悉的场景来表现佛教的天国。开凿于西魏的莫高窟第249窟的窟顶，像巨幅投影一样为我们展示出那时人们心中仙境的样子。

莫高窟第249窟为覆斗顶窟，窟内平面大致为方形。窟顶中心凹入部分呈方形，叫作“藻井”，四个梯形坡面被称为“四披”（按方位包括西披、南披、北披和东披）。古人有一种盛粮食用的工具叫作“斗”，这种窟顶形状就像倒扣过来的“斗”，所以被叫作“覆斗顶”。此窟覆斗顶壁画内容丰富，既有佛教偶像，又有中国传统神仙，各类人物欢聚一堂。

窟顶西披画赤身阿修罗，阿修罗身后是须弥山和天宫，天宫的门半开着，似乎有人随时出入。阿修罗是佛教中的护法神，六道轮回中介于天、

莫高窟第249窟　窟顶西披　阿修罗　西魏

人之间的一道，半人半神。阿修罗四目四臂，手托日月，身材异常高大，四大海水不及其膝，须弥山不到其顶。阿修罗生性好斗，常与天界众神争斗。图中阿修罗威武挺拔，足立大海，水不过膝。四周围绕着风、雨、雷、电天界诸神，这些气象神都是半人半兽。右侧风神两手抡风带，雨神口吐雨水，左侧雷神手脚并用连连击鼓，电神躬身击打铁杵制造闪电。

南、北披的主人公，借用了中国传统的神仙形象，与东晋顾恺之《洛神赋图》非常相似。画面均呈梯形，主体分别绘凤辇、龙车，仙人坐于其中，身着汉装，其侧立有御者。车顶悬重盖，车后有旌旗飘扬；车前由乌获、羽人、乘鸾仙姬引导；车旁有长着翅膀的文鳐和红色大鲵（即娃娃鱼）护卫，后有开明神兽跟随。天空中漫卷天花，飘荡着彩云。在浩浩荡荡的巡天队伍下方，还有狂奔的野牛、黄羊和老虎，

莫高窟第249窟　窟顶（局部）　西魏

整个画面热闹非凡。

画中右下方兽首人身的名叫乌获，它手足类兽爪，臂生羽毛，头上生角，鼓腹着短裤，做大步奔走状。此神身壮而有力，传说秦始皇时有大力士，力大能扛鼎，故有“乌获扛鼎”之语。此神后来成为道教的守护神，常被刻于墓内以司守护之职。佛教借用乌获形象，来表现佛教的护法“人非人”，就是一些像人又不是人类的守护神。

画面右下角的仙人名为羽人，他头长且窄，两耳向上高竖超过头顶，上身袒裸，下着短裤，臂上生有大羽毛，有若鸟翼，奔腾于天空之中。

莫高窟第249窟　窟顶南披　西魏

此形象与古籍中记载的“身生绿毛”“耳出于顶”的仙人形象十分接近，与汉代画像砖上的长生不老的仙人形象也很相似。不同的是，莫高窟的羽人也披上了飞天的大巾，应为早期将飞天与中国传统仙人相结合的形象。画面左下角的开明神兽，颈上有十一颗人头，兽身有青绿色的龙尾，两肩有翼如焰。这是《山海经》中记载的神兽，书中说它像老虎一样大小，颈上有很多颗人头，常年站立在昆仑山上，威慑那里的各类生灵。

古人给现实世界中的人和生灵加入各种奇幻的想象，就绘出了这种天上神仙浩荡出行、羽人飞来飞去、小怪兽充满其间的仙境图景。

洞窟也能当标尺

敦煌莫高窟现存735个洞窟，一个洞窟一个样儿，怎么知道它们是啥时候开凿的，什么时间重修过？洞窟又不像大树有年轮，怎么知道这个洞窟几岁了？在考古学中，对商周青铜器断代时，会先把那些刻有确切纪年文字的器物定成某一时代的“标准器”，然后以标准器的形制和纹饰作为时代标尺，去推定其他同类但没有纪年的器物的年代，这种方法被称为“标准器断代法”。判断一个洞窟的“年纪”也是这样，

首先要找出那些有明确纪年的洞窟，把这样的洞窟作为同时代洞窟的一把标尺，也就是我们通常说的“标准窟”，然后其他相似的洞窟就以这个洞窟为标准判断大致的年代。莫高窟第285窟，是敦煌莫高窟最早的有明确纪年的洞窟，并成为判断西魏洞窟的一把标尺。

此窟北壁上方绘有七幅佛说法图，除了西侧第一幅是两佛两菩萨之外，其他都是一佛和两菩萨组合的简单画面。每一幅说法图下方都有对应的供养人和榜题，也就是这些壁画出资人的画像和名字。画中每尊佛的下方还有长方形的发愿文，就是书写供养人为谁为什么事绘制这些说法图的文字。其中，有三处榜题上有纪年，包括大统四年

莫高窟第285窟　北壁　供养人及大统四年题记　西魏

莫高窟第285窟　北壁上部　西魏

莫高窟第285窟　主室内景　西魏

（538）和大统五年（539）两个时间，既说明这些壁画是在这些年份绘制的，也说明这座洞窟是在这两年前后营建的。

有了明确的建窟时间，我们就可以把这个洞窟当作一个标尺，参照这个洞窟的内容和风格，把相似的没有纪年的其他洞窟归入西魏时期。我们看到，这个时代的壁画有个明显的特征，就是原来从西域传来的艺术风格与这时从中原传来的南朝风格并存于同一座洞窟。在同一个空间里，既可以看到印度和西域式的身材健硕的神灵，又可以看到中原南朝身形修长的秀骨清像的人物。壁画上的神灵也是兼收并蓄，既包括印度婆罗门教的神灵，也包括中国传统的神仙，他们都被吸纳进佛教的天国并成为护法或菩萨。

莫高窟第285窟　西壁南侧　毗瑟纽天等　西魏

本窟西壁仍为北凉以来的西域人物造型和艺术风格，绘制了大量的来自印度婆罗门教的神灵。上方为毗瑟纽天，原为婆罗门教三大神之一的毗湿奴，一度是婆罗门教最高的神，后来被佛教吸收，成为佛教护法神。画中的毗瑟纽天，三面八臂，上身袒裸，颈系斗篷，臂绕飘带，下着大裙，屈腿而坐。中者为梵天与帝释天，最初也源于印度婆罗门教，梵天本是印度的创世之神，帝释天则是印度的雷电之神因陀罗，在此也成为佛教护法。二者头戴宝冠，身披天衣，下穿大裙，并排而坐。最下方站立的是四大天王中的两位，身着铠甲，手执三叉戟，直立于莲花之上。

北魏孝文帝（467—499）进行汉化改革，要求鲜卑人放弃胡服改穿宽袍大袖的汉服。所以改革之后的很长一段时间里，壁画和彩塑中出现了大量的秀骨清像的人物。秀骨清像，是南朝刘宋画家陆探微

莫高窟第285窟　东壁　说法图　西魏

（？—约485）人物绘画的特征，他笔下的人物具清秀瘦削之美。本窟东壁绘说法图，色彩清朗明快，人物面部瘦长，衣着宽袍大袖，是典型的南朝画风。无量寿佛居中端坐，头光中有化佛，背光中有飞天，最外层为火焰纹，描绘精细华丽，使佛的沉静与身后活泼的、有生气的背景产生动静结合的效果。身后有四弟子，两侧各有二菩萨胁侍。菩萨们头戴三珠宝冠，身着大裙，披巾裹肩，于胸前交叉而下，面容含笑，仪态潇洒，风度翩翩，颇具名士风范。

北魏为加强河西统治，孝昌元年（525）任命宗室元荣治理敦煌，永安二年（529）封元荣为东阳王。在北魏末年的乱世，元荣团结敦煌地方的豪强大族，维持了这里的社会安定。西魏时期，元荣继续管理敦煌。历史上记载，他曾出巨资写经十余部，还在莫高窟开凿了一个大窟。莫高窟第285窟被认为是元荣主持开凿的，因此也被称为“东阳王窟”。位于北壁说法图下方最西端的女子，身穿当时贵族女子才能穿的袿衣。衣衫的下摆部位被裁成数个长条三角形，并缀以飘带，走起路来，飘飘若仙。因为这位女子穿着贵族女子才能穿的“上服”，因此被认为有可能是东阳王妃。

莫高窟第285窟　北壁　东阳王妃　西魏

佛龛也可以画上去

龛是安放神像的地方，最初是在山岩中凿出空间，后来发展为用石材或木材做成的神龛。其中用来供奉佛像的，被称为佛龛。在莫高窟的覆斗顶窟中，经常在正壁的墙上开凿出安放佛、菩萨等人物彩塑的佛龛空间。但偶尔也有不在正壁上挖洞，而是直接把佛龛画到平整的正壁上的，比如北周莫高窟第461窟。

东晋十六国以来，敦煌石窟的佛龛都是雕凿而成，此窟的“画龛”极为少见。而且此龛透视准确，故而立体感强，仿佛彩塑佛龛一般。此窟正龛为二佛并坐，与莫高窟第259窟一样，表现了释迦佛和多宝佛对坐说法的情景。画中释迦、多宝二佛，一着通肩袈裟，一着双领下垂式袈裟，正于龛内讲经说法。二佛侧身相对，就像两个得道者在交流佛学心得一般。

在两位佛陀的两侧，各绘五名弟子，合为“十大弟子”，他们是释迦牟尼最优秀的学生。此画像由于人物脸形方圆，并且脸部的敷色运用在颧骨处染团形红色的晕染新方法，开创了北周造像“面短而艳”

莫高窟第461窟　西壁　画龛　北周

的一代新风格，从而使得此画在中国绘画史上获得了一定的地位。画中人物面相方圆而略清瘦，尚存西魏遗风。人物的造型已开始向个性化方向发展，姿态各不相同，有的捧钵，有的持花，有的双手合十，神情多种多样，相互呼应；肤色也各有特点，并且线描十分清晰。

好一匹桀骜的枣红马

大多数男孩子都喜欢车，少年时都有一个长大开好车的愿望。古时候没有汽车，但一匹好马、一驾好牛车也不是人人都能拥有的，这些出行工具往往成为王公贵族身份的象征。为了能够表明出资开窟人高贵的身份，那些特殊的马和华丽的车也和主人一起被画进了壁画。北周莫高窟第290窟里就有这样的马和车，而他们的主人被认为可能是当时的瓜州刺史李贤。

李贤（502—569）是北周的开国元老，北周皇帝宇文邕小时候在李家住过六年，因此李家与北周皇室有着特殊的亲密关系。保定二年（562），为加强对西北地区的统治，周武帝委任李贤为瓜州刺史，治理

莫高窟第290窟　南壁　供养人　北周

了敦煌两年。本窟南壁的供养人中，有一位形象高大、身披轻裘大氅、气宇轩昂的人，很可能就是李贤。他在一众身形微小的人物当中，显得鹤立鸡群，贵族范儿十足。

在李贤管理敦煌的时候，皇帝曾派人前去慰问，并送去许多礼物，其中就包括“中厩马”和“金装鞍勒”。莫高窟第290窟中心塔柱西龛下桀骜的枣红马，很可能就是戴着皇帝御赐的金马鞍的“中厩马”。画中高鼻的胡人马夫，正一手拉缰绳，一手举鞭驯马；枣红马抬起一只前腿，后腿弯曲，屁股后坐，虽然低头准备挨打但又显得并不顺从。东壁的供养人壁画虽然比较模糊，但仍能看出一匹马、两辆牛车和一位打着障扇的侍从。现在只有在农家才能见到的牛车，在当时可是绝对的豪车，连王公大臣都不是人人能乘坐的，往往都要皇帝特别批准才行。李贤深得周武帝的喜爱，家有高配牛车并把它画到壁画里，实际上是一种显示自己身份地位的行为。

莫高窟第290窟　中心柱　胡人驯马图　北周

集资修建的大工程

在古代营建一个洞窟，要经过开凿洞窟、修整墙面、绘制壁画、制作彩塑等一系列程序。加上那时没有现代的机械和工具，营建洞窟常常比现在建一座房子还费时费力。因为修造洞窟需要投入大量的人力物力，自然也就成为一件很花钱的事儿。古代敦煌人认为修造佛教石窟可以为自己和家人积累功德、祈求平安，那么一个人或者一家人的钱不够却仍想修窟怎么办？那就把同样有修窟愿望的人集中起来，大家一同出钱合伙修个洞窟。北周的莫高窟第428窟，就是一千多人凑钱集资修造的洞窟。

第428窟是莫高窟早期最大的洞窟，也是莫高窟绘制供养人最多、裸体飞天最多、影塑千佛最多、最早绘涅槃变的洞窟。主室中心柱的四个向面，每个向面都在龛内塑趺坐说法佛一身、弟子二身，龛外塑菩萨二身。其中，主尊佛像贴壁而塑，面阔脸圆，眉似新月，鼻直唇红，神态慈祥而有稚趣。侍立于佛旁的两弟子比佛和菩萨都要小些，颔首垂目，神态虔恭，仿佛正专心聆听佛法。龛外菩萨下着长裙，袒裸上身，

莫高窟第428窟　主室内景　北周

428

于肩处披天衣，一手置于胸前，一手自然垂下。菩萨面相与佛十分相近，仅发间另有装饰，显得十分可爱，若十二三岁的少女。此组彩塑可谓北周彩塑之代表作，此时中原风格已十分浓郁，但尚不成熟，因此所塑人物慈祥可爱有余，庄重不足，但可见日益走向成熟之大趋势。

北周以前，采用西域晕染法所绘的敦煌壁画，多有变色，人物线条粗犷，此窟顶南侧却尚存数身未变色飞天，十分少见。画中飞天身材粗胖，呈 U 字形飞舞，但颜色鲜艳，清晰可见面部最初的线条并不粗，而是由较细的墨线定型。人物高鼻深目，皮肤凹凸有立体感，与现在新疆地区石窟中所见飞天形象一致。在这幅图中，也可以看到飞天变色的过程。在窟顶的装饰纹样中，还出现了两只老虎相对奔走的图案，为窟顶增添了生趣。

在此窟四壁及中心柱下部均绘有供养人，有些供养人的题名还很清楚。莫高窟的一方石碑记载，建平公于义曾在莫高窟开一大窟。于

莫高窟第428窟　窟顶　飞天、对虎　北周

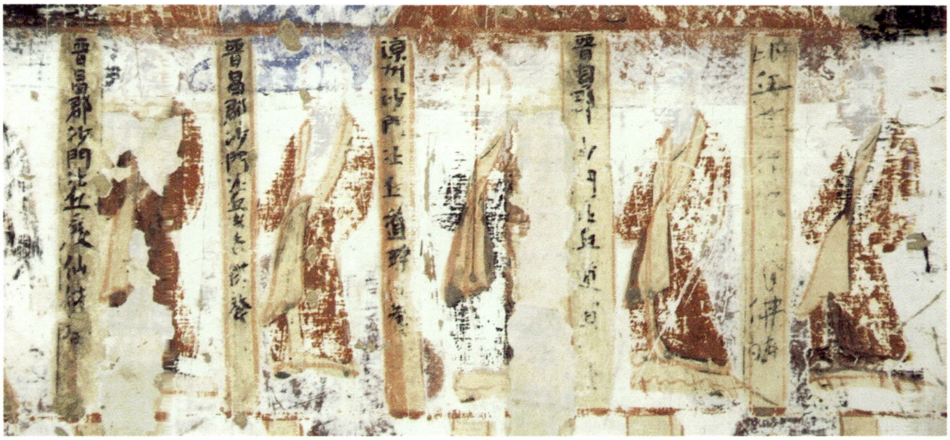

莫高窟第428窟　东壁　供养人　北周

义原为洛阳人，北周时进封建平公，565—576年间出任瓜州刺史。于义是北周贵族，他的兄弟都是高官，一门十大将军。东阳王元荣、建平公于义被认为是唐代之前发展莫高窟的两个重要人物。有学者认为，莫高窟第428窟就是建平公于义带领敦煌和凉州的沙门百姓共同集资开凿的洞窟。此窟是北周时期最大最精美的洞窟。也是得益于这些出资人，正是因为有这些人的共同努力，才造就了我们今天看到的第428窟。

墙壁上的连环画

小人书、漫画书、绘本，我们从看图开始认识这个世界，那些有图的书总是比写满字的更好看。即使幼年时一个大字不识，通过一张张连续的图画，我们也能读懂故事的大意。最早的连环画可以追溯到北凉的敦煌壁画，北周莫高窟第296窟就是一个在窟顶和南、北壁下部绘满连环画的洞窟。这些佛教故事连环画情节复杂、场面交错、人物生动、景物错落有致，以民间生活为素材，充满了浓郁的乡土气息，展现了当时社会生活的真实情景。

主室窟顶的善事太子入海寻宝故事，讲述了一位善良太子的成长经历。从前，有一位宝铠国国王，因为没有儿子而感到非常愁苦。有一天他梦见一位天神对他说，城外的山林中有两位正在修行的仙人，其中身体金色的仙人如果愿意转生到国王家那再好不过了。国王醒来后，赶紧驱车找到金色仙人。再三恳求后，金色仙人终于愿意将来死后转生成他的儿子，山林中的另一位仙人也说将来会转生到国王家。

国王很高兴，果然没过多久，两位仙人先后去世。国王的王后苏摩很快怀孕了，她本来性情暴躁，自从有孕以后变得温柔善良。十个月之后，苏摩果然生了一个相貌特别端正的儿子，前来看相的国师说这个孩子将来必成大器。同时，国王的贵妃也怀孕了，本来她人善心慈，有孕之后却变得嫉妒贤能。贵妃也生了一个儿子，国师看过后说这个孩子是个普通人。国师听说了王后和贵妃怀孕后的变化，认定这都是肚子里孩子的性格影响的，于是给大太子起名善事，给二王子起名恶事。

国王偏爱善事太子，为他专门建造了宫殿。善事在这里一年四季都住得很舒适。善事慢慢长大了，果然聪慧异常，学习成绩很好。有一天，他想去看看王宫外的世界，于是出宫到民间游览。但他没有看到美丽的景色，看到的是乞丐、屠夫、农人、猎人为了生计挣扎，特别是见了屠夫和猎人杀生的血腥画面后，内心受到了极大的冲击。回到王宫后，善事一直闷闷不乐，于是国王同意让善事开放国库，向百姓施舍财物。这样，国库的财宝越来越少，很快就要用完了，善事太

莫高窟第296窟　主室窟顶　善事太子本生故事之宰杀、耕作、狩猎、捕鱼　北周

子要布施变得越来越难了。这时有人告诉善事，如果能入海到龙宫求得如意宝珠，取回宝珠后就能求得无数的财宝，只是道路艰险，九死一生。

国王和王后都不想让善事太子去冒险，但拗不过善事太子意志坚定，于是帮他召集了五百个愿意同行的商人，还有一位曾经多次入海、富有经验的盲眼老向导一起出海。恶事听说后，向国王表示他愿意跟兄长一起入海，互相有个照应。他们做了充足的准备后就乘着大船出发了，他们闯过了黑风罗刹、狂风大浪、摩竭大鱼等种种难关，终于到达了宝贝岛。登岛后，眼前的宝物让人眼花缭乱，善事教大家认识那些贵重的宝物。他告诉众人说，可以随意拿取，但不能贪心，太多了会把船压沉。之后，善事和向导继续乘小船寻找龙宫。他们先后遇到了银山、琉璃山和金山。登上金山后，向导预感自己快死了，他向

莫高窟第296窟　主室窟顶　善事太子本生故事之行至海边、取得宝珠、善事救恶事、善事恶事同行、恶事刺瞎善事双眼并盗走宝珠、牛王舐善事目、牧牛人为善事拔刺、善事弹琴　北周

善事讲解了如何找到龙宫、敲开宫门、取得宝珠之后，就闭上了眼睛断了气。善事非常悲痛，埋葬了向导，自己独自前往龙宫。他记住了向导的话，果然获得了如意宝珠。

善事去寻宝珠的同时，恶事跟同行的商人们说，来一次宝贝岛不容易，大家应该拼命往船上装金银财宝。等善事取得宝珠回来时，大船已经被装满了，刚出发就因太重沉没了。所有人都在海里挣扎，只有善事因怀揣宝珠浮在海面。恶事向哥哥呼救，善事拉着他的手，一起漂到海岸保住了性命。上岸后，恶事因为空手而归感到沮丧，善事就解开衣服让弟弟看他获得的宝珠。恶事心里嫉妒，心想本来父亲就偏爱哥哥，这下更看不起他了！夜晚来临，恶事趁哥哥睡着时，用木刺扎瞎了善事的眼睛，带着宝珠逃跑了。

不明真相的善事眼前一片漆黑，只感到一阵钻心的疼痛。他大声喊着弟弟的名字，直到树神告诉他弄瞎他的人就是恶事。善事独自摸索着前行，来到利师跋国境内，碰到正放着五百头牛的牧牛人。众牛中的牛王走到善事身边，用舌头舔了舔他的脸。牧牛人好奇地走过来，看到善事相貌非凡，帮他拔出了眼中的木刺，并收留了他。住了一段时间，善事不想给牧牛人添麻烦，就请牧牛人给他买一张琴，让他到王城中去行乞。因为善事弹琴唱歌特别好听，很多人都给他送来食物，连城中的五百个乞丐也靠着他吃上了饱饭。这个国家王宫的果园经常有鹦鹉来偷吃果子，国王要责罚守园人，守园人说是人手不够，国王同意让他再雇个人一同看守。守园人见到善事，觉得他为人忠厚，就请他一同帮忙看守果园。

这边恶事独自回家后，跟父母撒谎说善事掉到海里淹死了，国王、王后和全国百姓都非常悲伤。善事在宫里原来有一只宠物大雁，国王把大雁放走，并对大雁说："太子把你养大，他现在回不来了，你应该去大海上看看，他到底怎么样了。"大雁好像能听懂人话一样，它飞了很远很远，真的飞到了利师跋国。它听到果园中传来熟悉的歌声，向下一看，它的主人善事就在那里！大雁落到了善事的怀里，双目失明的善事也认出了它。善事找人帮忙写了一封家书，系在大雁的腿上，让它带给自己的父亲。

一天，利师跋国的公主来果园游玩，她见到了蓬头垢面的善事，坐下来与善事聊了聊心事。交谈之中，公主觉得善事谈吐优雅，很快就对他心生爱慕。公主与善事一起吃饭，竟然还向父王请求要嫁给善事。利师跋国国王觉得女儿简直是疯了，先前将她许配给宝铠国的善事太子，虽然听说善事入海下落不明，但也不能让女儿不明不白嫁个叫花子！但公主非常坚定，一心要嫁给善事为妻，国王只好默许。善事也不相信公主会爱上他这样一个落魄的盲人，公主向上天起誓，如果自己是一片真心，就让善事的一只眼睛复明。话音未落，奇迹出现了，善事的左眼真的可以看到眼前美丽的公主了！

过了一段时间，公主问起善事的家在哪里，父母怎么样？善事将自己的经历全都告诉了公主。公主为善事的遭遇感到难过，她问善事，弟弟这样加害他，将来如果有天回国，要如何惩治恶事。善事心地善良，说自己对弟弟没有一点怨恨。公主不信，于是善事向天起誓，如果所说的都是真话，那就让他的另一只眼睛立刻复明！果然，善事的右眼也能看见了！双目明亮的善事太子，相貌堂堂，是世间少见的帅气青年。公主高兴得不能自已，立刻跑去把这件事禀告了父王。起初国王还不相信，以为自己的女儿在说疯话。他来到果园端详了一番之后，认出这个守园的乞丐真的是宝铠国的太子善事。宝铠国是惹不起的强盛大国，国王又害怕又惭愧，赶紧向善事忏悔道歉。他马上给太子应有的礼遇，不仅乐呵呵地认可了公主和太子的婚事，还准备派出大臣和军队送太子回国。

同时，善事的宠物大雁也携带书信飞回了宝铠国王宫。宝铠国国王得知善事还活着，与王后一起高兴得抱头痛哭。对于加害兄长的恶事，国王把他关进了监狱。宝铠国国王发了一封信给利师跋国国王，命令他立刻遣人送回善事太子。为了感谢曾经救助过太子的牧牛人，太子请利师跋国国王赏赐给牧牛人大量的财物，使牧牛人过上了一辈子不愁吃喝的富裕生活。利师跋国国王挑了个好日子，带上大量的财宝礼物，亲率群臣将善事太子夫妇送回宝铠国。宝铠国举国欢庆，宝铠国国王和王后见到太子，更是紧紧抱住不肯松手。

善事太子得知弟弟被关押之后，请求父王放了弟弟。善事见到从小一起长大的弟弟恶事，还是像从前一样疼爱他。善事原谅了弟弟恶事，人人都称赞太子的宽宏大量！恶事把偷来的如意宝珠还给兄长。由于有了如意宝珠，再也不愁没有美食、五谷、衣物等用度了，百姓们随意取用，家家户户都丰衣足食。善事告诉大家，做人要积极向善，才能一生幸福。百姓都听从他的话，宝铠国成了人人向往的地方。

洞里有座须弥山

由于古代科技不发达，在我们知道地球是圆的之前，人们对世界的样子有各种各样的想象。古印度人曾认为宇宙的中心有一片大海，海中有一座两头大中间细的高山，这座山被称为“须弥山”，也叫作“妙高山”。佛教吸收了这种说法，隋代的一座洞窟为了表现窟内是个缩小的宇宙，把原来的中心方柱改成了须弥山的样子。开皇四年（584）修建的莫高窟第302窟，就是这样一个佛教的小宇宙。

本窟的中心塔柱仍然是在开窟时直接凿出基本形状，工匠们模仿须弥山的样子，把柱子凿成两头大中间细的样子。柱身被分成三个部分：上部为圆形七级倒塔，上六级原有影塑千佛，其下塑仰莲及四龙环绕。中部为方形台座，台座上层四面各开一龛，龛内有一佛二菩萨或二弟子，龛外有二菩萨。下部柱身仍为方形，四面绘供养人像。这种须弥山式的中心塔柱在莫高窟仅二例，寓意深刻，设计巧妙。进入这样的洞窟，就仿佛看到了佛教徒心中宇宙的微缩模型。

此窟彩塑，体量较小，多经清代重修，人物形象质朴。佛均端坐

莫高窟第302窟　主室内景　隋代

于莲花座上，着通肩袈裟，衣袖宽大，衣襟衣袖将腿部与莲花座全部遮住，加上佛像身体略有前倾，使整个佛像看起来像“不倒翁”。这样的形象远离了佛的严肃庄重，给人以亲切可爱之感。两侧的菩萨弟子也塑得质拙，衣饰简单，敷色单纯，就像一个个泥娃娃，让人忍不住想去接近。

如何才能建设好这个世界？窟顶壁画绘制的福田经变回答了这个问题。经变画，又称经变、变或变相。广义上说，凡依据佛经绘制的画，均可称为“变”，也就是把佛经的文字内容“变”为图画的形式。但现在所说的经变，通常指将一部佛经的主要内容组织成有始有终、主次分明的大幅画。福田经变里绘制了七种公益事业，被称作“广施七法”。这些有利于众生的善举，可以收到普遍良好的社会效果。其中，包括修建寺院、兴建果园浴池、施舍医药、造船渡人、架设桥梁、近道作井和建造厕所。除了修建寺院之外，其他的就相当于现在的基础设施建设和公共服务。

福田经变也是横幅式的连环画形式，“坐船渡河”和“驼车过桥”两个情节被组合在同一处画面。一条绿色的大河蜿蜒而来，河上有一只像碗一样的小船，船中两个男子相对而坐。这个坐船渡河的画面，

莫高窟第302窟　窟顶　福田经变　隋代

实际上是宣传制造坚牢的船只供别人渡河的善行。小船下方，绘出一座宽阔平坦的大桥，其上有一辆双峰驼车，车有两轮，车内坐一位妇人，骆驼正昂首阔步，从容过桥。旁边有一棵树，形态自由抽象，但却十分生动。这个驼车过桥的画面，是宣传架设桥梁供人们过河的善举。从绘制手法上看，构图简单却很紧凑，笔法质朴但不失生动，是一幅颇具情趣的图画。

莫高窟第302窟　窟顶　坐船渡河、驼车过桥　隋代

近道作井是说要在路旁修建水井，这样就可以为过路的人畜提供饮水。画面中心为一口水井，井口亦为方形，红衣人正拉绳汲水。两位黑衣人分别在井的两旁顾望正在饮水的马匹，一白一黑两匹马正在井旁的水槽中低头痛饮。另有山石树木花草进行点缀。此图表现了在路旁造井，从而使路人和牲畜都能饮水的善举。画面左侧的小帐子里，主人似乎正在听仆人们弹奏乐器，帐前阶下一男子怀抱水罐前来送水。

莫高窟第302窟　窟顶　近道作井　隋代

画面右侧的大树下，一男子正捧碗等待拿水罐的男子给他倒水。从绘制风格来看，笔法简单但描绘生动，画面构图紧凑却不繁乱。饮水的细致描绘，为我们提供了隋代现实生活的真实情景，像照片一样记录了当时的社会风貌。

华丽丽的面料大观

传统意义上的丝绸之路起始于古代中国的长安，通过甘肃的河西走廊和今天的新疆地区，越过帕尔米高原，进入中亚、伊朗等地，连接起亚洲和欧洲的广大地区。这条路被认为是联结亚欧大陆古代东西方文明的交流之路，而丝绸则是最具代表性的货物。在公元前1世纪，中国的丝绸就已输出到中亚、西亚和欧洲。到了萨珊波斯王朝（224—651），波斯人也掌握了制造丝绸的技术，在其织物中以波斯锦最为著名。公元6世纪，波斯锦就开始向中国境内返销。

敦煌北朝的服饰大多简朴，服饰纹样都很简单，这种情况到隋代发生了重大改变。随着纺织和印染技术的发展，到隋代，丝绸上已能纺织、印染出十分精美的纹样图案。此时丝绸之路畅通，中外贸易兴盛，许多西域地区的锦缎纹样和服饰样式沿丝绸之路向中原传播，使得隋代服饰出现多姿多彩的新风。特别是大业五年（609），隋炀帝为了炫耀国威，亲临张掖，接见西域二十七国使臣，举行“万国博览会”，促进了丝路商贸的发展。受此影响，敦煌隋代洞窟人物服饰面料呈现出

莫高窟第427窟　南壁　菩萨　隋代

日趋华丽的特征。

隋代莫高窟第427窟为中心塔柱窟，整窟绘画带有浓厚的、华美细腻的中原艺术风格，重青绿、间朱赭、敷金彩，塑像也妆彩贴金，使之比其他洞窟更显得富丽堂皇、光彩夺目。主室中心柱前、人字披顶下有南、西、北彩塑三组。佛像具有隋塑朴达稚拙的特点，头部偏大而微微下俯，宽额、直鼻、厚唇，颈部较粗，体格健壮。菩萨像与早期塑像相比，塑造者已开始重视人体结构、比例及形体姿态，典型的是北侧的左胁侍菩萨，透过其衣饰能看出胸、肩、腹、胯、腿、膝等人体结构。菩萨的衣物多涂金绘彩，在联珠纹菱形格中，绘上了具有波斯风格的动植物图案，有若金丝缕织，有织锦质感，极为精美。

带有忍冬纹和菱形纹图案的面料在北朝时期就已出现，隋代不仅继续使用，而且纹样更加复杂。忍冬是一种植物，就是我们熟悉的金银花，常被绘成卷草作为装饰纹样出现。本窟菩萨披巾上，就绘出蓝底或绿底的忍冬莲花纹。菱形纹由连续的菱形组成，每个菱形中心还绘有植物或动物，本窟菩萨的上装中就出现了大量的菱形纹，极富装

莫高窟第427窟　主室内景　隋代

427

莫高窟第427窟　南壁　菩萨　隋代

饰意味。

隋代最有特色的服饰纹样是各种联珠纹，这种纹样是由一串彼此相连的圆形或球形组成。莫高窟隋代的联珠纹中还绘以凤鸟、猛虎、狮子、大象、翼马、花卉等，整个图案显得生动活泼。本窟菩萨上衣的联珠纹图案，由联珠线条构成菱形，中心绘莲花或凤鸟，四角对称地绘忍冬纹。虽然中国很早就有联珠纹，但这种组合更复杂、装饰性更强的联珠纹是萨珊波斯锦上最为流行的花纹。波斯锦传入后，七八世纪时我国也曾模仿织造。不论其产于何地，凡属此类萨珊波斯风格的织锦，皆称为“萨珊式”联珠纹织锦。菩萨服装上出现这些纹样丰富的面料，反映出隋代丝绸之路畅通，是东西方物质交流的重要历史时期。

壁画里的迷宫畅游

不管是爱丽丝梦游的仙境，还是寻找秘密花园的出口，每一个迷宫都像有魔力一样，让我们对这种从起点奔向终点的游戏乐此不疲。敦煌石窟有一种密体壁画就像迷宫一样，那一处处连续不断的场景，吸引我们不停地去破解每一幅画面的内容，直到故事的结尾。密体画是指那些画面构图、人物情节特别紧凑，画中几乎不留空白，全部填以颜色的绘画作品。这种壁画造型逼真，晕染浓郁，敷彩华美，贴金饰彩，色泽鲜丽，细密精致。隋代莫高窟第420窟窟顶就绘制了这样的法华经变，在四披的每个坡面上分上、中、下三层绘成连环画形式，抬头看上去简直就是一幅超级大迷宫。

此窟窟顶的经变画，以树石花卉、塔庙寺院、流泉莲池、行云飞花等景物，作为各种场面的分界，构图自由，考虑周到，人物聚散，疏密适当。这样宏大而内容丰富的画面，为唐代大幅经变画的发展开了先河，具有很高的艺术价值。在设色方面，以青绿色为主，背景随人物的活动而发生变化，虽有部分因年代关系而发生变色，但所变成的赭色却增添了画面的色彩情趣。在描绘手法上，无论是人物，还是屋宇、花石树木、飞禽走兽，都十分工整细致、生动细腻，具有浓郁的生活气息，充分体现出工匠受到中原画风的影响。

画面根据《法华经》绘制，可称为“法华大迷宫”。北披的一座小山是迷宫的入口，它的主峰像一只展翅欲飞的蓝色秃鹫，对面的小山头也像落着一只埋着头的秃鹫，山腰处还可见到瞪着眼睛的鸟头。这座小山描绘的是释迦牟尼讲说《法华经》的地方，这座山坐落在恒河平原，山势奇特，主峰顶矗立着一块形如鹫头的岩石，因此得名灵鹫山。山的右上方绘制了二佛并坐，表现释迦、多宝并坐说法的情景，从这里开始画面被引入相邻的东披。

东披是“观音小迷宫”。古人生活中常常会碰到各种危险困难，观音菩萨就是古人想象中的急救小能手。不管遇到任何问题，古人都会向观音求救，希望能够得到菩萨的帮助。观音迷宫中包括变身关、盗贼关、水难关、海难关等一系列场景，通关秘籍只有一条——念颂观音菩萨名号。中下两层主体是变身关，观音菩萨可以变化出三十三种不同的样貌。每个学生喜欢的老师都不一样，为了让大家好好学习佛法，观音菩萨根据学生的喜好变成他们喜欢的老师进行授课，被称为“观音三十三现身”。

变身关上方是盗贼关，也叫胡商遇盗图。画面从右侧开始，一支胡人商队正赶着骆驼爬山，中间有骆驼坠下山崖，可见山路艰险；之

莫高窟第420窟　窟顶北披　法华经变　隋代

莫高窟第420窟　窟顶
东披　法华经变　隋代

莫高窟第420窟　窟顶
南披　法华经变　隋代

后，胡商们遇到了最艰难的一关——全副武装的强盗劫匪。经过一番激烈的厮杀拼斗，商人们全部做了俘虏，后被押到盗匪头目面前。在四面众多盗匪们的监视下，商人们一个个将袋中的钱财倒出来奉上。于是，有人念颂通关口诀“南无观世音菩萨”，强盗们立刻个个双手合十，示意放行。古代丝绸之路除了路途艰辛、自然条件恶劣外，途中遇到拦路抢劫的强盗也是商队难过的一关。于是，人们把希望寄托在了观音菩萨身上，希望通过念颂观音名号来摆脱盗匪。

盗贼关右下方是水难关。一条蜿蜒的大河，里面有鸭子嬉戏。有三人不幸落入水中，其中两人在水中挣扎，后一人站立并双手合十称颂观音名号。观音站在岸边，伸手搭救落水之人。水难关旁边是海难关，左侧表现海上风浪大作，一只小舟正经受狂风大浪的考验。下部是小船被罗刹鬼所获，罗刹正等着饮血吃肉。右侧是海中有龙、罗刹鬼，下方有吃人的摩竭大鱼，小船飘浮于海上。在海上航行，那时比陆路更加危险，注意小船之中都有人双手合十念颂观音名号，以求得观音菩萨的救助。

海难关和水难关向右就进入南披的“火宅迷宫”，可以看到大火烧着了每座房子，院落内外还分布着各种可怕的动物。有很多小朋友玩得高兴就会忘记老师和家长的安全教育，常常在非常危险的地方还玩得忘乎所以。就像这个迷宫一样，虽然大火烧着了房子，周围还有野兽出没，但在里面游戏的小朋友完全没有察觉，还在和伙伴们一起嬉戏打闹。这关的任务就是找到画中的羊、鹿、牛三辆小车，让小朋友们乘坐逃离火宅，并把他们送到大牛车上，让他们乘牛车平安离开险境。找到大牛车，就相当于找到迷宫的出口了。

大肚弥勒的青葱岁月

一说起弥勒佛，我们脑中闪现的就是那个露着圆滚滚的大肚皮、咧着嘴笑呵呵的光头大叔。他的身材表情可是有说法的，“大肚能容，容天下难容之事；开口便笑，笑世间可笑之人”。说起来，弥勒佛绝对是豁达的性格，就是这身材有点油腻，老被人叫成“大肚弥勒佛”。其实，这位大叔年轻的时候也是妥妥的美男子，隋代莫高窟第419窟壁画里就描绘了他青年时代的生活。

传说弥勒出生在古印度波罗奈国劫波利村，十二岁时回到出生的地方静坐入定。他的身体发出耀眼的光芒，之后肉身变成了金铜像，而真身却上升到名叫兜率天的天界。在这个过程中，弥勒实现了瞬间的时空转移，他倏地出现在兜率天七宝台摩尼殿的狮子座上，而且还坐在一朵莲花之中。这时的他相貌端正，头上戴着色彩斑斓的天冠。无数天人围绕着他，他为那里所有的人讲说佛法。

这时的弥勒还是菩萨，没有发胖，也没有不修边幅，而是身披天衣严肃地坐在天宫之中。他被选定为释迦牟尼的接班人，在五十六

亿七千万年后重新回到人间成佛，到那时才是人们口中说的“未来佛”“弥勒佛”。画面正中的主人公就是成佛前的“弥勒菩萨”，佛经说他跟释迦牟尼一样，天生在相貌上就有超出常人的“三十二相”和“八十种好”，绝对是符合古印度审美的大帅哥。他的两侧有两位胁侍菩萨，就是他的两名助手，两边还各有两位穿铠甲的天王，这是弥勒的保镖。宫殿的两侧，天人们纷纷向弥勒飞来，弥勒菩萨的感召力相

莫高窟第419窟　窟顶　弥勒上生经变　隋代

当了得。

画面的左下角，弥勒菩萨正拄着头思考将来如何成佛的问题。弥勒菩萨在佛教界的主要工作，有点类似于学校里的老师。在学习过程中遇到疑问的同学可以去向他请教，他专门负责答疑解惑。那些愿意跟弥勒学习的人，还会得到弥勒菩萨的授记，在弥勒重回人间成佛时，一起降生到未来的美好世界。授记，就是预言某人未来成佛的仪式，常常以摩顶的方式进行。画面的右下角弥勒菩萨端坐，正伸出手来为一信士摩顶授记。信士跪于弥勒菩萨之前，双手合十，头部微俯，神态极为虔诚。

那成佛后的弥勒怎么就身材发福了呢？本来重回人间的弥勒跟释迦牟尼佛一样，身材标准、仪表堂堂、举止文雅。唐末至五代后梁时，有一个名叫契此的中国僧人，他身材肥胖、袒胸露腹、笑口常开，为人幽默风趣、聪明智慧、乐观包容，随身携带一个大布袋，深受百姓的尊敬和爱戴。契此临终前曾说自己是弥勒的化身。这个传说后来广为流传，就有了以契此的样貌为标准的、布袋和尚为外形的弥勒佛像。渐渐这种大腹便便的弥勒像越来越常见，反而使大家忘了弥勒原来的样子。

世间苦乐的预言者

神怪故事里常常会有这样的情节，某个人在昏迷了很久之后醒来，然后他就获得知道过去和未来的非凡能力。东晋时候，一个名叫刘萨诃的人，少年时凶狠顽劣，喜欢打猎，长大后从军当兵，脾气更加暴躁，横行乡里。三十一岁时，他跟朋友们一起吃饭，豪饮之后竟然醉死过去。虽然没有呼吸，但家人们摸着他身体尚有余温，也没僵硬，就没急着把他装棺下葬。到了第七天，他竟然自己醒了！还讲了他这几天的奇遇。

他说昏迷的这些天，先是被两人捆绑着向西北走，之后又把他交给两位僧人。两位僧人带着他来到寒冰地狱，那是一座跟长安城很像的黑色城池，冰块像石头一样到处乱飞，打到头上立刻断头，打到脚上马上断脚。之后他又经历了刀山地狱等各种不同的吓人场景，终于见到了金色的观音菩萨。菩萨为刘萨诃传授佛法后，说因他作恶多端本来要受很多酷刑的，但因为听法后他心生欢喜，所以这次只稍微惩罚他一下就行了，并嘱咐他重返阳间时要记得出家修行。菩萨刚说完，就有人来审问刘萨诃当年杀鹿杀雁的罪状，起初刘萨诃还不肯承认。判官立刻把他当年猎杀动物的事件来了个情景再现，而他的坐骑黑马居然也讲起了人话，证明当年刘萨诃确实犯下杀鹿杀雁的罪行。顷刻之间，就有地狱鬼卒把刘萨诃叉进铁锅热汤之中，他看见自己的身体立刻烂碎成肉泥，又被风吹到了水边，然后身体又恢复了原形。受了这些惩罚之后，他又被带到一座大城内，里面管事的人跟他说，现在他可以返回阳间了，以后切记不要继续作恶。

刘萨诃苏醒之后，对昏迷时见到的景象心有余悸。他从此放下武器，出家成了和尚，法号慧达。他每天勤奋地修行，果然成了一位精通佛法的高僧。他周游四方，在公元435年来到凉州番禾郡东北的御谷

莫高窟第203窟　西壁佛龛　初唐

山前。刘萨诃远远地对着这座山深深行了个礼，别人看到问他为啥对一座大山行礼。刘萨诃说："这里将来一定会出现一尊天然的佛像！如果这尊像是完整的，那么世道太平、百姓安乐。如果这尊像有所缺损，那世间动荡、百姓受苦！"

八十七年之后的一天，一阵狂风暴雨之后，真的从御谷山中挺出一尊大立佛，但是这尊佛像没有头。当地人找工匠雕好佛头想装到佛身上，但刚装好的佛头瞬间就掉下来。公元560年，有人在凉州城东二百里的七里涧发现了一颗佛头，把这颗佛头安到御谷山佛像的身上，竟然是严丝合缝，一点不差！实在太神奇了，第二年当地人就在这个地方建了"瑞像寺"。大约又过了十几年，这颗头又频频从佛像上掉下来，然后就出现了北周武帝毁佛灭法的事件。当时的人认为，这身佛像就像刘萨诃当年预言的一样，能够预报世间的苦乐。

隋炀帝大业五年（609）在张掖召开二十七国博览会时，在巡幸河西的途中也曾来到御谷山，并重修瑞像寺，亲自题写寺额"感通寺"，同时下令全国摹写这尊大佛的模样。唐代，这座寺院改名为"圣容寺"，这尊佛像也被称为"圣容寺瑞像"，因他出现在凉州也叫"凉州瑞像"。在全国摹写"凉州瑞像"的大潮下，初唐莫高窟第203窟也塑了这样一尊佛像，可以让我们看到他最初的样子。本窟西壁佛龛中的凉州瑞像，为初唐时凉州瑞像的典型样式。佛像背倚壁面，身体略略后倾，背光两侧塑出山体，表示此像是从山中自然显现。为了模拟历史原貌，塑像采用贴壁高浮塑的形式，佛左手于胸前握袈裟一角，右手自然垂下，这是凉州瑞像的标志性姿态。佛像肩宽胸平，袈裟紧贴佛身，衣纹稠密，是对这尊像最初样貌的真实摹写。

历史上的传奇故事往往都是有原型的。唐代的“圣容寺”，现在名叫“后大寺”，位于甘肃省永昌县。在这座寺院墙壁上，还保存着唐乾元元年（758）游人墨书“圣容寺塔”题记。山下殿内尚存石佛像一身，佛身高约二十七米。这身大佛是人工依山刻凿的高浮雕，佛头现存于甘肃省永昌县文化馆。至于上述种种所谓的“传奇”“神异”，既有劝人向善、向佛的用意，亦有对当时社会现实不满的隐晦表达，不过是时人出于各自目的的编撰、附会的结果而已。

长安时辰的上元灯会

农历正月作为一年之首被称为“元月”，正月十五被称为“上元节”。每年的这个夜晚，天上明亮的圆月高悬，地上的人们挂起彩灯庆祝。小说《长安十二时辰》里惊险故事的背景就是唐代上元夜的前夕，同名改编的电视剧再现了当时都城长安上元灯会踏歌的盛况。唐代诗人张说的《十五日夜御前口号踏歌词二首》，描写了长安城上元夜的繁华景象，其中说“西域灯轮千影合，东华金阙万重开”。初唐莫高窟第220窟不仅画出了灯轮，还把上元夜的乐舞也一同定格在了墙壁上。

莫高窟第220窟　南壁　胡旋舞　初唐

本窟南壁绘出一个巨大的露天舞场，两侧方形大地毯上坐着两组乐队，共十六人，各持琵琶、古琴、箜篌、横笛、排箫、长鼓、铜钹等乐器。这些乐工头梳高髻，戴宝冠，上身半裸，斜披罗巾，项饰璎珞，佩戴手镯、臂钏等饰物。中央两块圆形小花毯有一对舞伎，身穿长裙，手舞彩带，脚踩花毯，旋转相顾，翩翩起舞。这对舞伎表演的这种以快速旋转为特点的舞蹈，就是由西域传来的“胡旋舞”。

北壁下方宝池中间是大型七层灯楼，灯楼两边，各有一对舞伎。西侧的两身舞伎宝冠高髻，身穿织锦半臂，下穿卷边的大口裤，戴手镯、璎珞，手执长巾，赤足立于小圆毯上，一腿掖后，似乎是做一个腾跳的动作，这对舞伎表演的是“胡腾舞”。舞伎一侧，还绘有张说诗

莫高窟第220窟　北壁　胡腾舞　初唐

莫高窟第220窟　北壁　灯楼　初唐

莫高窟第220窟　北壁　灯轮　初唐

中的“灯轮”。在一个精致的灯座上，中安一立柱，其上有五层灯轮，每层灯轮上都置许多盏灯，状若车辐。其中，灯有燃有缺，地上还有许多小灯，一菩萨蹲在地上点灯，一菩萨正将点燃的灯放到轮上。

唐代是中原和西域乐舞艺术大交流、大融合的昌盛时期。唐代国家统一、社会稳定、经济繁荣，文化也得到飞速发展。唐代歌舞一方面继承和发展了民族舞乐的传统，同时也大量吸收了西北各少数民族和中亚各国舞乐的特长，创造了新的民族舞乐。在宫廷和民间广泛流传从西域传来的“胡腾舞”“胡旋舞”“柘枝舞”。这些从西域传来的乐舞，节奏欢快，一经传入，就深受人们的喜爱，得到广泛传播，风行一时。

这座精美的洞窟属于敦煌翟氏家族，从东壁门上的题记得知建于贞观十六年（642）。此窟壁画呈现出贞观盛世的气象，在莫高窟仅此一处，其绘画的底稿被认为是从长安带来的，反映了当时都城长安的上元夜风貌。西壁龛下现在还能见到“翟家窟”三个字，说明这个洞窟是翟氏的家庙。五代时翟家出了一位有名的历法学家翟奉达，他带领家族成员在同光三年（925）重修了这座洞窟，并在甬道南壁题写了“检家谱”一方，即翟氏一家简明扼要的家谱。从初建到重修，正是翟氏一家近三百年的精心守护，让我们能在今天目睹一千多年前长安上元节的舞乐和灯火。

一代女皇与大佛像

在封建社会，帝王君主们为了稳固统治，让老百姓心甘情愿听他的，都会大肆鼓吹“君权神授”的思想。说白了，就是把自己跟一位大神拉扯上关系，要么说自己是上天派来的，要么是哪个神仙的凡人子孙，要么本人就是大神转世。唐代的皇帝姓李，李氏自认为是道教始祖老子的后代。唐高宗李治身体不好，皇后武则天逐渐掌握了国家大权。高宗去世后，武则天以皇太后的身份在中宗和睿宗时继续主政，大权在握久了，就想不如干脆自己当皇帝。

帮着李家治理国家可以，要取代李氏给国家改名换姓可不容易，何况武则天还是个女的，以前的皇帝可都是男人！武则天要想称帝，必须找到让人信服的证据。在她的授意下，载初元年（690）七月，薛怀义、法明等人编写了《大云经疏》，里面暗示武则天是弥勒佛下凡，应当成为天下的主人。弥勒佛是未来佛，有了这部经典，武则天就是未来佛的化身，当皇帝也就合理合法了。武则天下令把这部经典颁行天下，还命两京诸州各建大云寺一所，收藏《大云经疏》。同时命僧人讲解这部经典，一下子为自己称帝制造了广泛的社会舆论。到了这一年九月，一大批追随者上书请求武氏称帝，还出现了“凤集上阳宫，赤雀见朝堂”的祥瑞，武则天终于登基，成为一代女皇。

因为《大云经疏》暗示武则天是弥勒佛降世，于是全国各地兴起了一股修建弥勒大佛的热潮。远在西北的敦煌也不例外，在此时营建了莫高窟的第一大佛——北大像。莫高窟第96窟，俗称大佛殿，它是莫高窟的第一大窟，洞窟直通崖顶，高40米。窟内现无壁画，依崖塑出高35.5米的弥勒大佛。大佛像就崖镌刻石胎，外敷草泥，然后造形上彩。本窟和塑像最早由禅师灵隐及居士阴祖等造于695年，正是在武则天称帝后的五年营建，说明敦煌人当时也顺应形势，迎合武氏称帝思想潮流。

莫高窟第96窟　主室内景　初唐

莫高窟九层楼

在室内佛像中，北大像高度居全世界之首，因此号称“室内第一大佛”，也是世界第三大佛（第一为我国四川乐山大佛，高71米；第二为四川荣县大佛，高36米。两者均为露天大佛）。因位于莫高窟第130窟大佛之北，遂称北大像。五代后，因地震毁，同窟壁画亦毁于此时。由于石胎尚存，故后世重修此像的身材比例和基本姿态仍保持原状。

据文献记载，武周初建大佛时，窟外木构建筑为四层；晚唐沙州归义军节度使张淮深重建，改四层为五层；北宋沙州归义军节度使、托西大王曹元忠避暑莫高窟，将下两层拆换重建；清末敦煌商民戴奉钰集资重修，改为七层；1928年，刘骥德、易昌恕等重建，改为九层，于1935年建成，即今之“九层楼”，这是现在莫高窟的标志性建筑。大佛像现存外表即1928年重修九层楼时妆绘，彩绘僧祇支及土红袈裟，并在袈裟垂裾边沿绘清式云龙纹，但基本上还保持了初建时的造型。1987年，由敦煌研究院主持重塑了大佛的双手。

看这喧闹的人世间

在我们的印象中，寺院往往都是远离尘世喧嚣的，壁画里的净土更是安静而美好。可有时候，古人也把世间的吵闹烦恼搬进壁画，让我们看到更为真实的人间图景。为了表现要远离一切烦恼和喧嚣的尘世去专心修行，莫高窟第321窟南壁刻意描绘出这样一座嘈杂的大杂院。画中有两栋房屋，一栋东西向，一栋南北向。东西向的房子前有一袒臂男子正揪住一个女子的头发，挥拳欲打，房后有两个女子在推磨，屋旁有个穿短衣的仆人神色慌张。院内有两人在打架斗殴，一位女子正旁立劝解。画中还有几个猎户，

莫高窟第321窟　南壁　大杂院　初唐

一人用肩扛着猎物，另一人用担挑着猎物；一个猎人臂掣猎鹰，正向屋内坐着的主人汇报，另一猎人牵着一头猎犬。房后有男女挥臂喧闹，附近的山间有一持刀男子追逐一名背着财物的少年。整个画面表现了充满矛盾、杀机四伏的社会生活，在这一片“拳打、肉搏、刀杖相加、恶语相向”的乱世中，一位乘云升空已越房顶的佛弟子，正超然离去。

最为有趣的是，西壁龛顶的菩萨们，似乎也听到了世间的熙攘，全都凭栏俯视。蓝天下的一堵天宫栏墙，上面装饰有衔着璎珞的飞鸟、龙凤图案的栏板和花卉。上层栏板的褐色底层上画白色龙凤纹，如行云流水般自然流畅。菩萨们头戴宝冠，袒裸上身，佩戴着环钏璎珞，正向下张望。整体上看，造型优美生动，加之处于上空的飞天做舞巾、散花等种种姿态，赴会而来的佛、菩萨纷纷乘云而下，仿佛佛国世界的神仙们也都关心起下界的人间生活。

莫高窟第321窟　西壁龛顶　凭栏菩萨与飞天　初唐

盛世里的胡风胡将

敦煌现在只是坐落在我国西北地区的一座小城市，但在陆上丝绸之路兴盛的时代，作为丝路的要冲，这里曾是“华戎所交”的大都会。古代敦煌，既是东西方贸易的商业重镇，同时也是多民族交融的熔炉，作为东西方文化交流见证的莫高窟，自然也留下了汉族以外的胡风胡貌。

初唐莫高窟第322窟因东壁门南的发愿文中存有“龙年”的字样，被推测为可能营建于公元620年或632年。这种以地支（生肖）纪年的方式，被认为与突厥习俗有关。突厥是历史上活跃在蒙古高原和中亚地区民族集团的统称。隋末唐初，突厥曾经是中国北方最重要的政治势力，并一度控制西域的广大地区。敦煌一带在隋代时曾是对战突厥的前沿地区之一，唐贞观年间突厥铁勒契苾何力率一千多户到达敦煌请求归附唐朝。

本窟西壁的彩塑群像是敦煌彩塑的精品，以其完整及形象特殊而著名。其塑像方式已改变了隋代背贴龛壁的贴塑形式，均为离壁独立

莫高[illegible]2窟[illegible]内[illegible]

的圆塑。天王的位置在此时已移入龛内，使一铺塑像的整体感得到加强，而且与帝王宫廷的文臣武将排列格局相近，体现了唐代的佛教艺术进一步迈向世俗化的趋势。塑像形体略显单薄，还尚未完全脱离隋代贴塑风格的影响，但比例适当，造型优美，刻画细腻，肌体的量感与质感均表现充分。

本窟彩塑人物均呈现出胡人的面貌，脸形稍长、鼻梁挺直。菩萨发式与唐代其他彩塑的高髻不同，是将头发先辫成小辫再于头顶结成高髻，两侧还留几条垂于肩部的辫子，辫发是游牧民族的典型特征。天王的塑造手法写实，面容清癯，浓眉大眼，目光炯炯有神；高鼻大嘴，并有八字形胡须，表情爽朗而不失和善。头上戴有头盔，身穿甲衣，搭下的披巾有飘拂之感。其头部和上身略向外倾斜，两手向前伸，足下踏着地鬼。无论是面部特征，还是富于神采的面部表情，抑或具有动态的身躯，都体现出了世俗生活中胡人武将所具有的威武、善良、忠直的性格特点。

西壁龛上有两个相对奔跑的兽人形象，这是粟特人信奉的袄教神灵“畏兽”，其中一人手托山羊，一人手托绵羊。粟特人是古代中亚地区的九姓胡人，生活地点大致相当于现在的中亚五国。粟特胡人擅长经商，往来于丝绸之路，故有学者认为此

莫高窟第322窟　西壁龛上　畏兽　初唐

莫高窟第322窟　东壁门上　说法图　初唐

窟与这些粟特胡商有紧密的联系。东壁门上绘说法图，人物秀丽优美，表情温文尔雅。窟内壁画虽尚未脱离隋代的影响，但菩萨身姿已渐秀丽，线条圆润有力，色调丽而不艳，显示了初唐富丽而又淡雅的风格。部分菩萨和弟子脚下的莲花已被极具波斯风味的小圆毯代替，说明当时受波斯文化影响之深。贞观十四年（640），唐朝平定高昌，丝绸之路的东西交通恢复畅通。而本窟彩塑和壁画呈现的这些胡风胡貌，反映出贞观年间内地与西域各族之间的交往。

皇帝的高僧师父们

约公元前6世纪，古印度的释迦牟尼创建了佛教，之后向周边地区传播。佛教传入中国的确切时间无法确定，但普遍认可的标志性事件是“夜梦金人”和“白马驮经”。公元64年的一天夜里，东汉明帝刘庄梦见一个高大的金人飞到宫殿前。第二天，明帝请群臣解梦，大臣傅毅说明帝梦到的可能是西方的佛。明帝于是派使者向西寻访，在与天竺毗邻的月氏国碰到了高僧摄摩腾和竺法兰。后来两位高僧用白马驮着佛经佛像，随使者们在公元67年一起来到都城洛阳。说明最迟在这时，佛教已经正式地通过官方引入中国。在佛教传播的过程中，经常会借助帝王的势力。那些被皇帝们认可的大和尚，传说也往往是身怀绝技，初唐莫高窟第323窟就画了他们的故事。

北壁东侧绘康僧会的故事。康僧会是三国时来自西域的高僧，在他的倡导下修建了江南第一座佛寺——建初寺。左上方画山水，水中一只小舟扬帆摇橹而行，表现康僧会由康居国渡海来到东吴。最下方画一帝王向僧人跪拜合十，这是表现东吴君主孙权大集朝贤，迎接康僧会的画面。中间画一大帐，帐内莲座上舍利放光，帐外帝王与僧人正在谈论。这是康僧会应吴王之请，出示舍利，舍利光芒四射，椎砧不碎，火烧不焦，于是吴王才信佛，并修造建初寺。右上角画寺院，院外僧人观看并有人运送木料，这就是修造建初寺的情景。

北壁中部绘佛图澄故事。佛图澄是东晋时期来自西域的名僧，传说他神通广大、法力高强，被称为“天下第一神僧”。上方绘佛图澄听铃音辨吉凶，高僧佛图澄能够通过听铃音预言吉凶，所说之事无不应验。深山旁绘一七级佛塔，有铃垂于塔檐，随风飘动，仿佛有铃声在耳边作响。塔前一王者正与一僧交谈，僧即佛图澄，王者为后赵皇帝石虎。

中层绘佛图澄幽州灭火。有一次高僧佛图澄与后赵皇帝石虎一起来到中堂，佛图澄忽然说：“不好！不好！幽州起火了！”然后他取了杯酒一洒，过一会儿笑着说：“火已经灭了！”石虎派人到幽州打听，幽州人说：“幽州四门起火之时，有黑云自西南方向飘来，下了场大雨把火灭了，雨中居然还有很重的酒味儿！”画面由两部分组成：一王者凭几坐于胡床之上，周围有臣子侍立。佛图澄立于众人前，左手指端有乌云腾出，右手端着酒杯。在图的左上方，有一座方形城池，城中腾起烈焰，四门均已起火；城上乌云密布，大雨滂沱。

下方绘佛图澄洗肠。高僧佛图澄的左乳旁有一孔，直通腹内。有时他的肠子从孔中露出来，有时他用东西将孔塞住。晚上想读书时，只要将塞孔的东西拔出来，满屋子都能亮起来。在斋日他就到水边，将肠子从孔中掏出清洗。画中一人临溪而坐于方毯上，袒裸上身，正将肠从腹中引出，在溪中摆洗。

莫高窟第323窟　北壁东侧　康僧会故事　初唐

莫高窟第323窟　北壁中部　佛图澄故事　初唐

南壁东端绘隋文帝请昙延法师祈雨的故事。昙延法师为山西人，北周至隋代的名僧，被隋文帝尊为老师。画面右上方，帐中一王者率侍从聆听高座上的比丘说法，帐外佛塔放光。这是昙延法师将自己撰写的《涅槃经疏》放入佛塔，佛塔三日放光，表示昙延法师对《涅槃经》的注疏非常符合经义。下方，山中一帝王双手合十聆听一高僧讲说，这是隋开皇六年（586）天下大旱时，隋文帝去请昙延法师入朝祈雨。左侧，一高僧结跏趺坐于一八人肩扛之大轿之中，正飞奔赶路，表示昙延法师在入朝的路上。上方，一大殿内高僧坐于一高榻之上。殿前阶下，一帝王率众臣僚面向高僧，席地跪坐，双手合十，虔诚祈请。这就是隋文帝率众请昙延法师祈雨的情节。

莫高窟第323窟　南壁　昙延故事　初唐

走进幻化的城池

平日里学业紧张，最期待碰上小长假，看看春天的桃花或是秋天的枫叶。走进大自然，放松一下心情最好不过。有时我们徒步走很远的路，累的时候最想找个地方坐下来，吃吃喝喝安逸自在。歇着歇着太惬意了，也许就不想继续走了，可是还没爬上山顶或是到达桃源深处，还没有看到最美的风景。我们收拾好背包，继续迈开步子向目的地进发，最后总能看到期待的美景。所有路途中的小憩，都是为了更好地前行。敦煌壁画也有类似的故事，被画进了盛唐莫高窟第23窟。

故事说一座大山深处有很多世间罕见的珍宝，但是通往藏宝地的道路漫长艰险。有一位有经验的向导，决定带领一群寻宝者组团前往。刚走了一半的路，大家就疲惫不堪，心生退意，不想继续前进。这时，具有超能力的向导为鼓励大家，像变魔术一样变出一座城池，供寻宝者暂时休息。众人在这座幻化的城市里吃饭休息了一段时间，觉得这里这么舒适，不想继续去寻宝受苦。向导知道大家已经补充好体力，于是又把这座幻化城市变没了，并告诉寻宝者，这座城市并不存

莫高窟第23窟　南壁　化城　盛唐

在，只是为了让大家恢复体力才变出来的。他说，前面的路已经不远了，大家一定要坚持下去。最后，众人在向导的带领下，真的找到了宝藏，过上了富足的生活。

壁画中的“化城”为一座民间庭院，这是当时富有之家的真实写照，大宅有内外两道围墙，宅内设置土炕，炕上的人正在交谈。在鹅卵石铺成的院子中间，地上瘫倒着饥饿劳累的寻宝者。院子两侧的妇女们正忙着做饭，一位妇女正用四脚铛烧饭，铛下火势正旺，一旁放有瓦盆、瓦钵，另几位妇女正在制作酥酪。由于畜牧业发达，敦煌人喜食牛奶和奶制品。人们把挤下来的牛奶慢火煎煮，稍冷之后把热奶倒进生绢做成的袋内，过滤到瓦器中，在一定温度下发酵，就做成酪浆，供日常饮用。还可揭出层层奶皮，进一步加工后，使之由液体变成固体，制成干酪。院子中间两人共提绢袋，正在过滤牛奶、制作奶酪；右侧一人正用工具搅打瓮中的酪浆，名曰抨酥，以之加工成酥油，一旁放置着做好的酥油块。院门口和院墙外，恢复了体力的寻宝者们重新骑马出发，继续前往大山深处的藏宝地。

彩塑里的唐人群像

来到敦煌，我们常常会听到“一铺彩塑”“这铺某某画”，这里的“铺”是一个量词，代表一个整体集合的概念。把“铺”当作计量单位，最初可能是由于“铺”是把东西展开或摊平的意思，所以我们经常说“一铺褥子”。壁画的底稿也是平时卷起，使用时再展开，所以被称为“一铺某某画”，相应的壁画也就用铺来计算。同样地，一组彩塑由很多人物组成，人物有序排列，这样的一个组合也叫作“一铺”。敦煌现存最完整、保存最精美的彩塑，是盛唐莫高窟第45窟的以佛像为中心的彩塑群像，可以说是大唐彩塑像的巅峰之貌。因为共有七个人物，通常介绍时会说这是“一铺七身”的彩塑组合。

这铺彩塑位于主室西壁佛龛内，主佛盘坐在须弥座上，身旁二弟子、二菩萨及南北二天王站立。主佛面相丰满圆润，双目修长，口端鼻正，内着僧祇支，外穿通肩袈裟，衣纹流畅自如，色彩浑厚深沉，结跏趺坐，做说法相。身后的头光和身光，及一道道凸起的泥条金饰，绘塑互映，更显得层次分明、富丽堂皇。分侍在两旁的是迦叶和阿难，迦叶号称“头陀第一”，是苦行僧的代表，阿难号称“多闻第一”，少年时就跟随佛祖出家，听佛说法的次数最多。彩塑像一老一少，一个老成持重，一个年轻洒脱，一个睿智练达，一个童心外溢，形成鲜明的对比。

两身菩萨，面带微笑，温婉慈祥，袒露上身，肌肤洁白如玉，斜披的飘带以及华美的长裙，与婀娜多姿的一波三折的S形躯体，巧妙结合在一起，既超凡脱俗，又雍容华贵。菩萨们体态丰盈而又健美，肌肤莹润细腻有如凝脂，面相丰满圆润，高耸云髻，双目微微启视，表情含蓄，眉眼间似笑非笑，流露出一股无法言传的神采，有如慈目视物，而无可畏之色，神情颇为恬静。菩萨胸前佩戴黄金璎珞，上身斜贯搭一红色锦披，腰上系有质地轻薄的锦绣罗裙，衣纹刻画得轻柔稀疏。无论是造型、体态、面相还是神情，都达到高度和谐统一。菩萨最初主要为男性形

莫高窟第45窟　西壁龛内　迦叶、菩萨、天王　盛唐

莫高窟第45窟　西壁正龛　盛唐

象，这时的面部已经比较女性化，展现出温柔善良的一面。

南北两侧的天王则是健壮的男子形象，上穿金甲，下着战裙，瞠目张口，一手卡腰，一手挥拳，威武凶猛，与温柔的菩萨和虔诚的弟子，一文一武，形成强烈的对比。北侧的天王头顶结发，额阔面方，浓眉紧蹙，怒目圆睁，鼻直且阔，有八字须，张口露齿，做怒叱状。天王左手叉于腰际，右手握拳，身下战裙飘动，威风凛凛。赤足之下踏一山鬼，此鬼身上仅于腰间围一裙，脸上充满了怨恨愁苦之色。从造型上看，全身重心放于左足，腰臀之处略有弯曲，整个人物颇具动感。此外，对面部表情的塑造亦十分精细，威严之气自然流露，又不呆板。从敷彩上色看，花纹精致，色彩丰富而不俗艳，加之部分颜料因年久变色，使得部分颜色更显沉重，天王也就更具威慑力。

大唐生活的实况直播

因为唐代是中国历史上有名的盛世，几乎所有人都曾有过重回唐朝的穿越梦。那时又没有照片，唐代人的生活是啥样的？盛唐莫高窟第217窟壁画里，就绘制了从宫廷到民间的一系列社会场景，堪称大唐生活的实况直播。

莫高窟第217窟　西壁龛内　弟子　盛唐

盛唐时期社会风气开放包容，壁画里的佛教人物也极具个性。本窟龛内的弟子像整体造型生动，神采奕奕，头像各部位诸如头颅、面颊、颈部均以写实手法绘制，并以较为厚重的颜色进行敷色，晕染十分得当，头顶刚剃过的肌肤透明泛青，发痕和须痕清晰可见。虽然佛教要求比丘穿着必须简朴，但可以看到这个时候即使是出家的弟子，袈裟仍采用小花或山水图案装饰的面料，表现出当时经济繁荣、物资丰富的一面。画中弟子面容苍老，饱经风霜，但浓眉悬鼻之间流动着一双善于表达的眼睛，使神情显得幽默又带着苍劲。额间有三条深重得有如刻上去的皱纹，把这位高僧智慧、练达与乐观的特点表现得淋漓尽致。高僧启唇露齿，似乎正在向下方的朝拜者说着一句充满机锋的禅语。从绘画的技法上看，画像头部结合晕染，以线描本身的轻重浓淡、急缓收展，恰到好处地绘制了这一呼之欲出的形象，这也是敦煌壁画的笔墨敷色技法在表现人物方面的成就之一。

南壁绘制了佛陀波利将《佛顶尊胜陀罗尼经》带来中国的故事。画面从上部开始，描绘北印度僧人佛陀波利慕名前来参拜五台山，并在礼拜的过程中碰上了文殊菩萨变化成的白衣老人。画中以青绿

莫高窟第217窟　南壁　佛陀波利巡礼五台山　盛唐

莫高窟第217窟　南壁　佛陀波利见唐高宗　盛唐

山水为背景，右侧描绘佛陀波利在山中骑行穿梭；左侧他和侍从在直泻而下的瀑布前下马，之后波利在方形的坐具上五体投地向山礼拜。虽然这些内容来自佛经的记述，但画师却把它绘成一幅春季踏青的郊游图。

佛陀波利根据白衣老人的指示，回到印度取来了《佛顶尊胜陀罗尼经》，再次来到中国。他来到都城并觐见了皇帝，皇帝赐给他三十匹绢以示奖励。佛陀波利表示自己不是为了奖赏，而是希望《佛顶尊胜陀罗尼经》能在中国传布。于是，在皇宫等地三次翻译此经。画中描绘了一座简单的宫殿，头戴冕旒的唐高宗出现了两次。起初他坐在宫

莫高窟第217窟　南壁　富贵之家　盛唐

殿里，之后他来到佛陀波利面前，佛陀波利的侍者正向他奉献佛经。画面下方的地上放着三个卷状的东西，表示高宗赏赐的三十匹绢。

那时的人们认为，只要供奉《佛顶尊胜陀罗尼经》，将来就可以转生到富贵之家。唐代的有钱人家啥样？画中一座深宅大院，假山别致，绿树成荫，垂柳飘拂。一位衣着华丽的贵妇，端坐于铺着茵褥的床榻上，对面一位侍者怀抱婴儿，两人的目光均关切地注视着孩子。堂下一侍女正引导医生来到阶前，医生手拄拐杖，温文尔雅，身后跟随一位手托药箱的随从。画中不仅用衣冠服饰、动作、道具等写实手法来显示人物的身份特征，还用优美的环境来衬托出病人家的富丽精致，甚至在家中的室内屏风和茵褥上都画了精细的花纹。画中有画，平添了许多生活情趣。

唐代画师的高手过招

画史记载，唐代的佛寺壁画通常由多位画师共同完成。在寺院画壁画的不乏当时著名的大画家，比如王维、郑虔和毕宏都曾在都城长安的慈恩寺画过一面墙壁。这些画家在同一座寺院画画时会比赛谁画得好吗？五代十国时期，有位名叫景焕的画家在一座寺院山门左壁看到画家孙位画的天王像，一时兴起立刻挥笔在右壁也画了一尊天王像。这两身天王像的绘画水平不凡，被时人传为“二艺争锋，一时壮观”。同时期的一则逸事说，义喧和尚曾设重金，奖给在洛阳广爱寺作画最好的画家，比赛在跋异和张图两位画家之间进行。当跋异仍然在左壁打草稿的时候，张图已经又快又好地完成了他的作品。盛唐莫高窟第172窟的南、北两壁同样绘制着观无量寿经变，但绘画手法各有特色，而且技艺高超，就像是唐代两位画家在此高手过招。

观无量寿经变主体描绘佛教中的西方极乐世界，并在巨幅说法图两边绘条幅式的“未生怨”“十六观”故事。未生怨故事讲，阿阇世太子幽闭父王，并断其粮水；王后韦提希夫人以食物涂身，灌葡萄汁于

莫高窟第172窟 南壁 观无量寿经变 盛唐

璎珞内，使王保全性命；太子知道后，欲害其母，被劝止后改为幽闭深宫；佛弟子为王后说十六观。太子之所以欲杀其父，都是因为国王求子心切，断太子前世道人的粮道，射杀太子转生的白兔所致。太子还没出生就与父母结下怨仇，所以这个故事被称为“未生怨”。“十六观”主要描绘韦提希夫人通过观想十六种不同的景物，了解和往生西方极乐世界获得解脱之事。

本窟南壁的观无量寿经变，整个画面由一组结构严谨的寺院作为背景。寺院主殿、配殿、角楼、回廊齐全，在中轴线两侧对称分布，是唐代大型建筑群的缩影与代表。主尊无量寿佛端坐于露台中央，台上众菩萨围绕听法，台前伎乐正在演奏。这些菩萨伎乐面庞清秀，线条轻柔，是典型的中原唐风。天宫中还绘有鸡娄鼓、腰鼓、箜篌、胡琴、拍板、古琴、排箫、琵琶等各种乐器，用来表现西方净土世界天乐不鼓自鸣的美好情景。北壁同样绘有观无量寿经变，两壁相比，南壁的画面显得严肃庄严，而北壁则突出西方净土“极乐”的一面。南壁的建筑紧凑，北壁的建筑疏朗，整体感强。从人物造型来看，北壁的人物线条较粗，显示出人体健康丰满的一面。特别是天空中的飞天，称得上整个敦煌壁画飞天中的代表之作。向下的飞天迎风而降，裙带飞舞，向上的飞天姿态优雅，缓缓而上。

两处壁画中的“日想观”，被描绘成观看夕阳西下的情景，并成为十分优秀的山水画作品。南、北两壁的“日想观”并不相同，各具特色，各有千秋。南壁的“日想观”风格幽静典雅，主色调为石绿，显得景象深邃。画面的近处为青山掩映、绿树成荫、断崖绝壁、溪流潺潺，韦提希夫人跪于溪水之边，静观远处的落日；所望之处细似流线弯弯

莫高窟第172窟　南壁　日想观　盛唐

莫高窟第172窟　北壁　日想观　盛唐

曲曲的溪水之源，为淡云所遮的落日，给人以迷茫、眷恋之感。北壁的“日想观”则以土红色为主调，显出一幅激越的画面。图中山前为大海，海中有小岛，远处的落日夕照，残阳如血，韦提希夫人跪于海边，听惊涛拍岸，心潮此起彼伏。这两幅画刚柔相济，相映生辉。

莫高窟第172窟　北壁　观无量寿经变　盛唐

古人对未来的憧憬

未来的世界是什么样？是汪洋一片的水世界，还是移居到其他星球的太空生活？我们今天关心的问题，古人也一样关心。只不过，限于古代的生产力条件，古人对未来的憧憬更多的是关于吃饱穿暖这些现在看起来比较容易满足的问题。佛经中说，未来是弥勒佛主持的世界，弥勒所在的国度出现太平盛世和丰收的景象，包括一种七收、树上生衣、路不拾遗、夜不闭户、女子五百岁出嫁、老人自行入墓、土地自动开合让人大小便、龙王夜雨除尘和夜叉半夜清扫街道等。

莫高窟第445窟　北壁　一种七收　盛唐

佛经中想象的未来世界，雨水根据需要自然从天而降，庄稼里不生杂草，而且种一次可以收获七次，

莫高窟第445窟　北壁　树上生衣　盛唐

耕作时花的功夫不多但将来的收获却非常多。敦煌壁画中有一部分耕作图，就是表现弥勒世界一种七收情景的。盛唐莫高窟第445窟的一种七收图，包括播种、收割、挑运、打场、扬场、田间进食等几个画面。佛经还说，这时树上自然生出衣服，需要的人自己随意拿来穿就行了。画中衣服搭满树枝，下方的红衣人正伸手取衣，旁边的男子正在穿衣。

莫高窟第445窟　北壁　女子五百岁出嫁　盛唐

因为每个人都希望长寿，所以佛经说未来世界人的寿命可以达到八万四千岁，女子到五百岁时才出嫁。壁画中还画了表现女子出嫁的婚礼图，举行婚礼的主要场所是院外的帷帐和“青庐”。帷帐是大宴宾客时用的，古代民居一般都比较低矮，室内空间非常有限，所以举行婚礼这种参与人数较多的活动时就在屋外设帐，可以容纳更多的客人。帐内宾客对坐宴饮，帐前正在举行婚礼。婚礼上，除了可以看到侍婢们往来忙碌之外，还有一红衣舞者正伴着音乐起舞，前面屏风外还有围观的人群。

向上看的造像艺术

古代工匠在塑佛像时，往往要考虑很多问题，比如说身体比例、面部表情。如果塑造巨型的佛像，需要考虑的问题就更多了，比如如何让站在佛脚下的人能看清佛的面部？盛唐莫高窟第130窟的大佛像就是解决这个问题的典范。这尊大佛像是敦煌第二大佛，因位于第96窟北大像之南，所以也被称为“南大像”。佛像高二十六米，为倚坐的弥勒佛。

公元721年，大佛由敦煌人马思忠与僧处谚开始兴建，约在天宝年间（742—756）完成，前后费时三十余年。

莫高窟第130窟　大佛面部（平视）　盛唐

此像就崖镌刻石胎，外敷草麻泥，然后造形上彩。佛身倚崖而坐，双腿下垂，脚踏仰莲，左手抚膝，轻柔自然，右手施无畏印。佛头微俯，双眼微合下视，脸庞丰满，略含笑意。大佛头部长度达七米，身体部分十九米，不合人体正常比例。这种比例如果平视的话，会让人觉得头大身短，而且嘴唇还特别厚。但因为进入这个洞窟只能向上仰视佛像全貌，这个比例的应用巧妙地解决了由下向上观看时的视觉差。从

莫高窟第130窟　大佛（仰视）　盛唐

而使所有观者在大佛脚下仰望佛的面部时，仍能清晰地看到既庄严又慈祥的弥勒大佛的面部表情。不仅不觉得佛头很大，反而在视觉上会觉得佛的身体比例非常合适。大佛除右手及胸腹下部一片曾被后人重修外，其余部分均保存了唐代的原貌。

南北两壁上部绘有敦煌石窟最大的几身飞天，每身长达两米有余，为北宋重修此窟时所作。这些巨型飞天大而不笨，身材修长，身姿舒展，背上长带飞卷，胸下流云飘旋。南北两壁中部为敦煌壁画中最大的两身胁侍菩萨，是北宋重修此窟时所绘，像高十五米。两菩萨均自在地坐于宝座之上，身材修长秀美，体量高大给人以敬畏之感。此窟窟前现存莫高窟最大的殿堂遗址，原为上下两层，其中上层的清代遗址因规模小且结构简单已拆除不存。下层殿堂为北宋时期遗址，地面铺有整齐的花砖；甬道外南北两侧贴西壁处筑土台，台上曾塑高达七米的天王像四身，现存天王所踩地鬼。

豪门李大宾的开窟盛典

在古代敦煌，有一些本地的名门望族，比如张、李、索、曹、慕容等家族。他们世代为官，家族间通婚联姻，牢牢掌握着敦煌地方政治。开凿盛唐莫高窟第148窟的李大宾，就出身于这样的豪门大姓。李大宾本人在唐朝任朝散大夫郑王府咨议参军，他的六代祖李宝、曾祖李达、祖父李操、父亲李奉国，都先后在隋唐两朝出任河西地区的军将。根据此窟前室现存的《唐陇西李府君修功德碑》（《大历碑》）及背面所刻《唐宗子陇西李氏再修功德记》（《乾宁碑》）所记，第148窟建成于唐大历十一年（776），894年重修。因窟主是李大宾，故称“李家窟”，据造像题材又称“睡佛洞”“涅槃窟”。

李大宾开凿此窟时莫高窟已经形成千窟峥嵘的规模，这时在洞窟前室往往架设木构窟檐，形成飞阁与云霞相连的美景。每逢特殊节日，在主要的洞窟内燃灯照明，形成了“圣灯时照，一川星悬”的壮观景象。李大宾家产丰厚，花重金开凿了这样一个大窟。前室为人字披顶，以二石明柱分作三开间。窟内佛床上塑释迦涅槃像（清重修），佛弟子、天人、各国王子、菩萨等举哀像七十二身（清重修）。西壁为长卷巨幅涅槃经变，其他各壁也遍绘经变画。此窟刚刚建成，河西节度使周鼎就仪仗隆盛地前来参加落成典礼。一行人前有持兵器的前导，中有体格强壮的卫士，府中的贵人们随行，浩浩荡荡地来到此窟为李大宾庆祝。

这个洞窟以涅槃为主题，涅槃是指佛教徒修习所达到的最高理想，一般指熄灭“生死轮回”后获得的一种境界。佛经记述，佛祖释迦牟尼在八十岁时，行至拘尸那城熙连若跋提河畔娑罗双树间，为阿难等徒众最后一次说法后，在所敷置的佛床上，头向北、面朝西，右胁累足而卧，面容端详自若，毫无痛苦而逝。因此，后人绘、塑、雕造佛涅槃像时，以卧佛为主尊，周围绘塑弟子与菩萨像。

为了配合主尊的涅槃形象，整个西壁绘制了涅槃的过程：（1）佛在娑罗双树间，预感到自己将要涅槃，于是为弟子徒众最后一次说法。（2）佛祖右胁而卧，入于涅槃。（3）弟子们将佛装入金棺。（4）佛母摩耶夫人闻讯从天而降，最后一次看望自己的儿子。（5）释迦佛祖为了表现孝道，举身从金棺中坐起，最后一次为母亲说法，之后永远入寂。（6）弟子们为佛出殡。因为佛的身体异常贵重，所以众力士无法抬起金棺，这时佛祖再次表现出慈悲，金棺自举绕城三圈。画

莫高窟第148窟　西壁　涅槃经变（局部）　盛唐

莫高窟第148窟　主室内景　盛唐

莫高窟第148窟　东壁门南　观无量寿经变　盛唐

面类似唐代贵族出殡的大型场面，只是将世俗的人换成了弟子与菩萨而已。（7）佛祖入殓之前，帝释天思念佛祖，伸手拔佛牙作为舍利供养。（8）佛教讲究火葬，众人焚化金棺，金棺化为舍利。（9）印度八王前来争夺佛舍利。（10）众人分舍利，各自起塔供养。

东壁门南绘观无量寿经变，其中“九品往生”为代表情节。大历年间，吐蕃趁安史之乱，河西精锐之兵远调中原之机攻占河西诸地，围困敦煌城。在这一背景下绘制出一幅莫高窟最大的观无量寿经变，可见当时的敦煌民众在组织抵抗吐蕃进攻的同时，对无量寿佛的西方净土世界寄予了极大的希望，期望能通过称名念佛的简单方式而往生净土。由于此图面积十分广大，所以其中的七宝池也显得深远广阔，浩瀚无边，画面将“九品往生”安排于池中各莲花之中，起到了丰富内容和装饰画面

莫高窟第148窟　东壁门北　药师经变　盛唐

的双重作用。此画最大的特点是装饰性极强，甚至为了匀称均衡而画了五个上品往生的画面。图中附有榜题，大多保存清晰，可以认读。

东壁门北是莫高窟最宏伟的药师经变，画面中间画药师净土及鼓乐歌赞；左右绘两条幅，左边为十二大愿，右边为九横死、斋僧燃灯、供养如来。天空中绘有由二十多件乐器组成的“不鼓自鸣”的天乐，中景为两进深的平台，处处都描绘得十分细致。殿宇为两进深，描绘之精细甚至连户牖的篾帘、花纹都清清楚楚。在乐队中，绘有两架莫高窟最大的箜篌，而且其上的花纹、丝绦、琴弦全部绘制得一丝不苟。“八功德水”清澈见底，七宝池中，化生童子在嬉戏。菩萨们则各具姿态，或两人结伴，或三五成群。整铺画面展现出一幅宫廷生活的图景，此画以规模大、人物多、保存完好、绘制精细严整而著称。

吐蕃人来到富庶的瓜州

唐代位于沙州以东的瓜州，同属古代敦煌地区的地理范围，也是中国西北重要的物资中转地。吐蕃人一直觊觎唐朝丰富的物产，在开元十五年（727）吐蕃赞普曾率大军亲自出征，一度攻陷瓜州。在吐蕃人的记载里，唐人聚集起来运往西域的财宝都储存在瓜州。这次攻占瓜州城之后，赞普获得了大量的财物，吐蕃人感叹终于能像唐人一样穿上优质的绢帛了！这时的吐蕃人不想也没能力长期占领瓜州，而是劫掠了瓜州的财物就满载而归，但安史之乱后情况就不一样了。

天宝十四载（755），安禄山叛乱，唐王朝急调安西、北庭、河西兵屯陕，河西、陇右精锐遂被抽空，所留者兵单势弱。763年，吐蕃乘机攻下大震关，尽陷兰（甘肃皋兰）、河（甘肃临夏）、廓（青海贵德）、鄯（青海西宁）、临（甘肃临洮）、岷（甘肃岷县）、秦（甘肃天水）、成（甘肃成县）、渭（甘肃陇西）等陇右之地，安西、北庭、河西与中原隔断。吐蕃沿祁连山北上，次第攻陷凉（甘肃武威）、甘（甘肃张掖）、肃（甘肃酒泉）各州。可以说，这次吐蕃人雄心勃勃，冲着长期占领河陇西域的目标而来，一步步攻到了敦煌的门口。约于公元776年，吐蕃占领瓜州，这里的中唐榆林窟第25窟立时就出现了一股来自吐蕃的新风。

正壁的卢舍那佛并八大菩萨曼荼罗是吐蕃绘画的代表，也是吐蕃时期密教流行的主要题材。清净法身卢舍那佛坐于金刚座上，左侧有四菩萨，为虚空藏、弥勒、地藏、文殊，右侧四菩萨已毁，在20世纪40年代罗寄梅拍摄的照片中可见原貌。画师以遒劲流利的铁线描刻画形象，造型严谨，描绘细腻，色调柔和，构图疏朗而规整。从画风上来看，虽然有印度波罗风格，但明显经过了吐蕃的改造。人物肩宽腰细，

榆林窟第25窟　东壁　八大菩萨曼荼罗（局部）　中唐

衣着裸露，装饰繁复，绘画精细。印度佛教传入吐蕃之后，形成的吐蕃佛教很快就能传到敦煌，说明当时敦煌、吐蕃两地关系密切，对文化带来的影响反应敏锐。

榆林窟第25窟　北壁　弥勒经变　吐蕃婚礼　中唐

北壁的弥勒经变突显盛唐遗风，画中的青绿山水、亭台楼阁、佛祖菩萨都是盛唐中原内地的风格。十分难得的是，在如此传统的绘画当中，还出现了一幅吐蕃婚礼图。佛经中说，在弥勒佛主持的未来世界中，人的寿命可以达到八万四千岁，女子到五百岁才出嫁。婚礼图将女子五百岁出嫁用绘画的形式表现出来。画面右侧，身着吐蕃装的新郎跪拜，同样着吐蕃装站立揖手者为伴郎。他们的左侧，是新娘和两位伴娘站立的背影，这是敦煌特有的男拜女不拜的婚俗。左侧宴席上的男子戴小礼帽、透额罗，其旁亦为吐蕃装男子，端盘的侍者着氇氌缺胯衫。这幅画是古代藏族人文、服饰，乃至日用器皿的珍贵图像资料。

前室东壁门北、南分别绘北方天王和南方天王。佛经说四天王既是佛的护法神，也是所有诵读、讲授佛经的信徒的保护神。如果有人在讲法处安设四天王的座位并以香花供养，四天王就会率领部众眷属前来保护此人。北方天王又名多闻天王、毗沙门天王，以手托宝塔为标志，也被称为托塔天王，在四天王中最为著名。南方天王，又名增长天王、毗琉璃天王，常与北方天王对称绘制。

画中北方天王右侧随行者为天王太子，头戴狮头盔，左手托宝珠，右手握宝鼠。传说天宝元年（742），毗沙门天王派二太子独健领天兵救安西，使敌营弓弩诸兵器均被金鼠咬坏，所以画中太子应为二太子独健。东壁门南的南方毗琉璃天王，头戴头盔，身穿战袍，左手扬掌，右手握剑，足下横卧一鬼，前有天女，后随持槊夜叉。此天王面容和善，肌肤洁白，与对面怒目圆睁、肤色黝黑的北方天王形成鲜明对比。两图线描有力，造型严谨，色彩和谐，人物传神，显示了唐代人物画高超的艺术成就。

榆林窟第25窟　前室　东壁门北　北方天王　中唐

榆林窟第25窟　前室　东壁门南　南方天王　中唐

小洞窟里的大乾坤

吐蕃王朝从天宝年间以来尽取河西诸地，之后逐渐打到了敦煌的大门口。起初，虽然与中原的联系已被吐蕃阻断，但沙州刺史周鼎仍然积极坚守敦煌。直到吐蕃赞普亲自来到南山，督促吐蕃大相尚绮心儿攻打沙州。周鼎派人向回鹘求救无望，便计划焚毁沙州城，带着大家一起向东逃跑。这个弃城逃跑的计划引起了强烈的不满，他手下一个名叫阎朝的官员设法刺杀了周鼎，并自己承担起带领敦煌百姓继续抵御吐蕃的重任。

阎朝有勇有谋，受到众人支持，大家齐心协力守到第八年时，沙州守军已经没有口粮了。于是阎朝打开府库，以一匹绫换一斗麦子的方法募粮，得到老百姓的积极响应。这样又坚守了两年，终于在贞元二年（786），沙州城粮食耗尽，兵器也用完了。最后，阎朝登上城头向吐蕃人喊话："如果不让沙州百姓迁徙到别的地方，我们愿意打开城门投降！"吐蕃人攻城十余年后占领了敦煌，敦煌从此进入历史上的中唐时期。

吐蕃当时的赞普崇尚佛教，敦煌艺术继续延续盛唐传统并得到发展。由于多元文化源源不断涌入敦煌，壁画里可以画的题材也越来越丰富。如何在一个洞窟里容纳多部佛经的内容？显然，盛唐时期一面墙壁上只画一部佛经的做法已经行不通了。办法总比困难多，这时的人们想到把经变画的画幅缩小的办法，这样一面墙上就可以画更多的经变画。这种缩小画幅的方法，使经变画失去了盛唐时期通壁经变的整体感和雄浑气势，却促进了画风向结构严谨、工整、纤巧方向转化。

中唐敦煌壁画具有俊爽雅逸、恬淡清新的意趣，人物明显带有周家样的特征。周家样是对唐代画家周昉艺术风格的俗称。《广川画跋》称周昉的画“媚色艳态，明眸善睐”，“人物丰秾，肌胜于骨”。张彦远的《历代名画记》中记载周昉的画“衣冠不近闾里，衣裳劲简，彩色柔丽”。周昉擅长于画“丰肥体”，而衣裳劲简，色彩柔丽体现出唐代中期人们审美观念的新变化。敦煌壁画之所以在中唐时期有了周家样的特征，也是因为此时的壁画由盛唐的五彩缤纷、精于雕琢的华丽之风转向了周昉式的人物丰秾而色彩柔丽的格调，使敦煌壁画呈现出一种新特点。

中唐莫高窟第112窟就是这一时期窟内绘制多铺经变、人物充分体现周家样特征的代表。此窟平面面积仅有6平方米，却在这样狭小的空间内绘制了普贤变、文殊变、五台山图、金刚经变、观无量寿经变、报恩经变、药师经变、降魔变、弥勒经变、观音经变等十余种经变画，而且技巧成熟，具有高度的艺术修养。整个洞窟内金碧辉煌，小小的洞窟呈现出中唐前期最精彩的佛教世界。

莫高窟第112窟　南壁　反弹琵琶　中唐

南壁东侧绘观无量寿经变，表现西方极乐世界的种种盛事。中部为主尊无量寿佛及观音、大势至诸菩萨坐中央七宝台上，圣众围绕。空中佛、菩萨乘云而来，台下八功德水荡漾，前有舞乐，后有殿堂楼阁。中间的反弹琵琶，是敦煌石窟所有舞者的代表。伎乐天举起琵琶背在身后，屈身向右，吸右腿，和着悠扬的乐曲跳起舞蹈。她的双手背在身后拨弄琵琶，边弹边舞，这是难度极大的动作，也是我们现在无法模仿、仅能在壁画中见到的表演。她两侧各有三人组成的乐队，分别演奏琵琶、阮咸、箜篌、鼗鼓、横笛、拍板。整个西方净土的庄严极乐、热烈辉煌，就这样被无名的画师一点点描绘了出来。

南壁西侧为金刚经变，主要讲释迦牟尼在舍卫国给孤园与弟子须菩提的答问。画中释迦牟尼佛居中结跏趺坐，菩萨、弟子、天王等在

莫高窟第112窟　南壁　金刚经变　中唐

莫高窟第112窟　北壁　药师经变　中唐

身边围绕。画面上部，绘出流云缭绕、幽远浩渺的山水，山峦起伏，雄峰突现，悬泉瀑布，林木森森，颇具气势，意境深远。虽是一幅佛画，却成为中唐山水画的代表作品。

北壁东侧为药师经变，主要是描绘东方药师净土的美好景象。佛经中说，东方药师净土与西方极乐世界一样，功德庄严没有差别。东方净土以琉璃为地，金绳界道，亭台楼阁、轩窗罗网都是七宝所成。画中药师佛居中，左右胁侍日光、月光两大菩萨，其余圣众分列两旁，都在中央平台之上。平台均在水池中，水池周围起楼阁殿堂，建筑气势雄伟。

北壁西侧为报恩经变，主要描绘一些报恩故事。《报恩经》实际上并不是印度佛经，而是汉族僧众为了适应中国传统的儒家伦理道德观念，从一些佛典中截取了某些能反映忠孝思想的故事辑集改写而成。画中释迦牟尼结跏趺坐在仰莲宝座上，菩萨、弟子、天人围绕听法。佛案前为舞乐菩萨。画面周围环绕各种报恩故事，如说法会下方阿难入城乞食路遇婆罗门子孝养父母的故事。佛弟子阿难清晨入王舍城托钵乞食，见一婆罗门子背着母亲沿街乞食，如果乞讨到美食就给母亲吃，如果乞讨到难吃的就自己吃。于是阿难当面赞颂此人，这人却奚落阿难，还说释迦佛祖是不知道报父母恩的恶人。阿难回去将此事告诉了释迦，释迦告诉阿难佛也讲求报恩，于是说了《报恩经》。因为画幅有限，经变中只画出了婆罗门子背负其母的画面。

东壁门北绘观音经变，描绘观世音菩萨救苦救难的故事。观音菩萨居中而立，冠上有化佛，半裸上身，斜披天衣，胸前饰璎珞，左手持瓶。头上有宝盖，脚下莲花台。菩萨两侧的条幅分别绘救苦救

莫高窟第112窟　北壁　报恩经变　中唐

莫高窟第112窟　东壁门北　观音经变　中唐

难的情节，左侧自上而下依次为蛇蝎难、雷电难、金刚山难、枷锁难、众苦难，右侧依次为恶兽难、怨贼难、火难、水难等。此图虽不及第45窟观音经变场面宏大，但其以精巧细致而成为敦煌观音经变的代表作品。

东壁门南绘弥勒经变。与通常所见的大幅弥勒经变不同，弥勒菩萨居中而立，两侧条幅绘弥勒世界诸事。左侧画面已毁，右侧条幅绘弥勒见迦叶、迦叶献法衣、迦叶现神变、弥勒教化众生的画面。可见，这种新式的弥勒经变是为了与对面的观音经变相呼应。弥勒和观音在成佛前都是补处菩萨，是佛的候选人，观音在未来将接替阿弥陀佛成为西方世界的教主，弥勒则在未来接替释迦牟尼成为娑婆世界的佛陀。

阴嘉政的满腹心事

吐蕃占领敦煌初期，推行让汉人穿吐蕃装、说吐蕃语的“蕃化”政策，引起了当地百姓的强烈不满。敦煌人对吐蕃统治者的反抗斗争此起彼伏，约公元792年还发生了玉关驿户起义。起义者在一天夜里突入沙州城，迫使以“节儿”为首的一干吐蕃官员自焚身亡。社会的动荡使吐蕃统治者开始反思，转而采用利用敦煌本地世家大族治理敦煌的政策，使敦煌在吐蕃中后期走上了平稳发展的道路。

在这些与吐蕃合作的世家大族中，阴氏家族是一个典型的代表。吐蕃接手敦煌后，阴家人在无奈之下，“熊罴爱子，拆襁褓以文身；鸳鸯夫妻，解鬟钿而辫发”。简单的两句话，透出了沙州人在无助之下放弃汉俗、改从吐蕃文身辫发的凄苦心情，以及吐蕃人强制汉人蕃化的残酷现实。阴伯伦含泪辞别唐王朝，改向吐蕃称臣。吐蕃人为了稳固自己在沙州的统治，很重视利用阴氏这样的敦煌大族。阴伯伦很快被吐蕃人任命为沙州道门亲表部落大使。阴氏家族与吐蕃人的合作不仅帮助吐蕃人治理了敦煌，还使自家在敦煌的地位得以保全。吐蕃人赦免了阴家的十一税，使得阴氏一门“六亲当五秉之饶”。从某种角度来看，阴氏家族似乎又恢复了唐时的荣光，兴旺的程度甚至还超过了昔日，几乎乐而忘亡，忘掉了落蕃之耻。

阴伯伦长子阴嘉政居家，他就是有名的阴处士，中唐莫高窟第231窟的功德主；次子阴嘉义为大蕃瓜州节度行军先锋部落上二将；三子阴嘉珍为大蕃瓜州节度行军并沙州三部落仓曹及支计等使。阴氏在吐蕃时期可以说是一门荣宠，但在庆幸家族复兴之后，他们仍念念不忘唐时“旧制封官，近将军之裂棘；先贤世禄，与都护之同堂”。

阴嘉政到了晚年，更是面露忧色，独立长叹。阴嘉义见状，向阴嘉政询问：“大哥因何事如此不快，一个人站在这里长吁短叹，常言说急难者兄弟，希得者手足。大哥有什么话就说出来，出兄之口，入弟之耳，敞开心扉，一吐为快！”阴嘉政叹道：“我现在已经到了知天命的年纪，但是在德行上有愧于心，人们常说要为子孙谋划，就要教他们以仁义。如今短日金秋，寒风恸骨；长更冬夜，白发悲心呀！”

阴嘉政对阴氏一家出仕吐蕃的行为感到深深的惭愧，越到老年越觉得此事大节有亏，因此在对子孙的教育方面，授之以忠义。因对家族的这种称臣吐蕃的行为深感愧疚，则与其弟一同在莫高窟开窟修功德，以求减轻内心的负罪感。莫高窟第231窟就是在这种背景下开凿的，于公元839年建成。此窟主室壁画保存完好，画面颜色鲜艳，均为中唐原作。主室之内按吐蕃时期的新布局，整齐地排列着十幅不同的经变。南北经变下方绘屏风画，画相应经变的故事情节，这样使经变主体更完美、更单纯，也使描绘故事的部分可以更完整、更细腻。

东壁门上的供养人就是阴嘉政的父亲阴伯伦和母亲索氏，画中阴

莫高窟第231窟　东壁门上　阴伯伦夫妇　中唐

伯伦头戴幞头，身穿靴袍革带，索氏头梳抛家髻，身穿长裙帔帛，都是汉家装束。第231窟开凿时，阴伯伦和索氏都已亡故，所以才能穿着汉装出现，而不用穿吐蕃装。这个洞窟额号“报恩君亲”，因此也被称作“报恩君亲窟”。阴嘉政要报的亲恩，是报答父母阴伯伦夫妇的养育之恩，君恩却不仅指吐蕃赞普对阴家的知遇之恩，更是隐含着对旧时大唐皇帝的怀念。

莫高窟第231窟　主室内景　中唐

神奇佛像小展览

在现在的佛教寺院里，肯定都能看到佛像。礼拜佛像是佛教徒最普遍的行为，佛陀是佛教中众人崇拜的偶像。但在释迦牟尼在世时，最初并不主张塑造佛像。传说，因为释迦牟尼前往天界为他已故的母亲说法，地上的优填王和波斯匿王非常思念佛陀。以“神通第一”著称的佛弟子目犍连于是带了32个工匠飞上天界，让工匠们图写佛陀的真容，后来制作了与佛陀一模一样的旃檀像和金像，被认为是最早的佛像。佛陀从天界返回时，旃檀像竟然动起来躬身迎接，佛陀为这尊像授记，让他在自己圆寂后普度众生，这尊佛像就是著名的优填王旃檀瑞像。旃檀瑞像本是一尊木雕像，因为传说曾经有这样神奇的经历，因此人们大量仿制这尊像作为佛教偶像。东汉时旃檀瑞像的图样就已传入中国，唐玄奘从印度带回来的物品中也有旃檀瑞像的复制品。

事实上，优填王和波斯匿王造佛像的故事，可能只是后来的一种传说。释迦牟尼在世及其圆寂后的几百年间，在石刻中人们都是用莲花、菩提树、佛足、法轮、宝座、舍利、佛塔等来象征佛陀的存在，而不雕刻人物的佛像。约于公元1世纪，在古印度西北的犍陀罗和中部的秣菟罗开始雕造佛陀的人像，这时才产生真正意义上的佛陀像。那些在历史上特别著名，或因为一些偶然因素被人们认为曾经显现过神异的佛教偶像，被称为“瑞像”。中唐莫高窟第237窟佛龛顶部就集中绘制了一批这样的佛像，算是在洞窟中开了一场神奇佛像小展览。这类被称为瑞像的佛教偶像有佛像也有菩萨像，数量很多，并不都是印度的，还有中国西域、河西甚至中原的佛像。绘画的形式多为单幅、单身的小型图像。

波罗奈国鹿野苑瑞像，就属于在古印度特别著名的佛像。波罗奈国大致在今印度恒河左岸的瓦腊纳西地区。鹿野苑是古印度著名的佛教圣地，释迦牟尼佛成道之后，在此地初转法轮，讲说四谛法，度化五位比丘。此处尚存的佛塔，是佛教的八大圣塔之一。画面为：一高肉髻佛，结跏趺坐于须弥座之上，两臂放于胸前，似正在说法；其须弥座前绘圆形法轮，内有佛足，以示初转法轮。

莫高窟第237窟　正龛龛顶　瑞像图　中唐

莫高窟第237窟　正龛龛顶　犍陀罗分身瑞像　中唐

南天竺国弥勒白佛瑞像，则传说是显现过神异的佛像。据《大唐西域记》记载，在古印度健驮逻国，大窣堵波（佛塔）西南百余步，有白石佛像，高6米。这尊佛像经常放光，曾有人见到晚上佛像绕着大窣堵波行走。有一次，有一伙盗贼想进去行窃，佛像竟然走出来把盗贼吓跑了。盗贼们因此改过自新，把见到佛像的事告诉远近乡里。画面为一佛立像，高肉髻、翠眉，身着袈裟，左臂下垂，手捏衣角，右臂屈置。

犍陀罗分身瑞像，是一尊造型奇特的佛像，又称双头瑞像、双身瑞像。犍陀罗为地名，又译作乾陀罗，其位置大约在今巴基斯坦白沙瓦和拉瓦尔品第地区。传说过去犍陀罗国有一穷人，偶然得到一枚金钱，便想请画师为他画一幅佛像。可是一枚金钱不够画像的费用，此时恰好另有一人与这个穷人的要求相同，画师就为这两个人画了一尊佛像。当两人看到像时，心生疑惑，此时佛像自胸以上分为两首，显示灵验，两人心悦诚服。画面绘一立佛像，胸部以上分绘两头，胸部以下部分合为一体，有四臂；两臂双手合十，另两臂垂直向下。

于阗固城加尔释迦牟尼佛瑞像，是西域地区的瑞像。《牛角山授记》讲，释迦牟尼对天人们说，于阗国是佛陀会特别保佑的国家。在即将来临的战乱之世，孙波及其大军，各部突厥、回鹘和其他不奉佛法者会来攻打于阗。这时一大群瑞像将从各地来到于阗，守护此国的边境。于阗将因为瑞像的神通免于彻底毁灭，之后菩萨、天人、龙王们也将接踵而来。他们会打败那些作恶者，挽救众生免遭毁灭。名叫富那生的瑞像，立于于阗的西城——固城，守护此国的边境。

酒泉郡释迦牟尼佛瑞像，是河西地区产生的瑞像。传说，酒泉郡呼蕐河瑞像奇异不可思议。如果有人向这尊佛像许愿，可以获得无量福报。文字记载这种瑞像说是释迦牟尼的佛陀像，但壁画里的形象却是菩萨的样子。画面与文献中所述迥异，其像形状怪异，仅着犊鼻裤，少有另外装饰，赤足立于莲座之上。

众生纷扰我自安然

时间是一条单行线，它让我们一天天长大，也让我们一天天变老。时间对每个人都是公平的，佛祖释迦牟尼在他八十岁的时候，同样面临肉身寂灭的结局。佛教把佛陀的离世称为“涅槃”，当释迦牟尼离开人世时，他的每一个追随者都依依不舍。有的人伤感，有的人悲痛，还有的人向往，中唐莫高窟第158窟画下了他们那时的各种情绪。这个洞窟前室绘有吐蕃三学法师持钵僧宜的供养像，因此我们知道这是一个由吐蕃僧人参与营建的洞窟。洞窟平面为长方形盝顶，空间结构就像一口巨大的石棺。西壁佛床上塑着佛祖释迦牟尼的涅槃像，周围的壁画描绘的是佛祖离世时的众生百态。

西壁所绘的菩萨和比丘，以两种截然不同的表情，进一步烘托出“常、乐、我、净”的境界。上排绘十九身菩萨，菩萨是大乘修行者，是佛的候选人，觉悟很高，深知释迦涅槃的意义。佛教认为，涅槃时肉身虽然停止呼吸、失去生命迹象，但佛身却会永远离开六道轮回，达到完全解脱烦恼的理想境界。因此，菩萨们的心情不是悲伤而是向

莫高窟第158窟　西壁　菩萨、比丘　中唐

往。菩萨的这种心理活动，以南起第八身菩萨的神情为代表。下排画十七身比丘，他们是小乘的修行者，觉悟比菩萨低，他们认为佛陀像凡人一样死去了，所以一个个如子丧父，号啕大哭，痛不欲生。

南壁绘制的迦叶奔丧，更是把小乘弟子闻讯后的反应突显出来。迦叶和五百弟子正在耆阇崛山上修行，听说释迦牟尼佛涅槃，立即带领众弟子寻路疾归。他远远望见佛棺，“号哭哽咽，闷绝躄地”。整个画面十分生动，迦叶高鼻深目，悲不自胜，高举枯瘦双手猛扑金棺，痛不欲生；其旁绘二比丘紧紧将其抱住，防其扑倒；其前一比丘伸手欲扶，劝其节哀；在佛头前部阿难跪地抚耳，似乎正在倾听佛祖最后一次说法，无法面对佛已灭度的事实。

莫高窟第158窟　南壁　迦叶奔丧　中唐

莫高窟第158窟　北壁　帝王举哀　中唐

北壁的帝王举哀，也把凡人对佛陀离世的反应描绘得淋漓尽致。释迦牟尼佛涅槃的消息传出，古印度八国国王闻讯后，立即带领臣属僚众疾奔拘尸那城，各国王“号哭悲哀，闷绝躄地”。由于此图画于吐蕃统治敦煌时期，所以具有当时壁画的普遍特点，即将八国国王之首绘制成吐蕃赞普的形象（面部已毁），画在了八王的最前头；紧随其后的是中原皇帝，头上戴有冕旒，由两位宫女搀扶；其后的十三人个个高鼻深目，应是当时周边各政权首领的形象。各国王都显得十分悲痛，并以极为惨烈的方式表现他们对佛的哀悼，如割耳、削鼻、刺胸等种种自残行为，真是惨不忍睹。历史记载，在唐太宗逝世那年，四夷之人哀悼时出现过类似场面，此图应是对这一习俗的图像记录。

西壁佛床正面北侧绘末罗人礼赞歌唱。末罗是印度十六大国之一。

末罗人信奉佛教，当阿难前来告知释迦佛祖已于夜半圆寂之后，末罗人发自内心苦闷悲痛。但末罗人与众不同，他们表达悲伤的方式不是痛哭或自残，而是在七日内用香花、歌谣、音乐、舞蹈、香料等供养佛祖。之后在释迦牟尼葬礼的整个过程中，末罗人作为葬礼主持人和分舍利的主持人参加。画中九身人物前四身已漫漶不清，后五身或倒立，或击鼓或高歌来虔诚礼敬赞叹释迦牟尼涅槃。

莫高窟第158窟　佛床正面北侧　末罗人　中唐

在众人因释迦牟尼离世陷入悲伤和痛苦之中时，西壁佛床右胁而卧的佛陀却非常平静。他身着通肩袈裟，安详侧卧于佛床上。佛陀头枕右手，下有联珠对雁衔珠枕，枕分上下两叠，以示涅槃时所枕之袈裟。左手自然抚于左腿上，手指疏密有秩，体态修长。佛的表情恬静，双目半睁半闭，类似略有疲倦时的小憩之态，诠释了不生不灭的永恒状态。这身佛像长15.8米，是敦煌石窟最美的一尊彩塑像，也是最大的一尊卧佛像。每当走进这座洞窟，我们都会被这身佛像平静安然的神态所打动，世间再多的纷扰仿佛都在瞬间消散，这也许就是敦煌艺术的魅力和感染力所在。

莫高窟第158窟　西壁　涅槃像　中唐

吐蕃赞普与中原帝王的对峙

吐蕃赞普与大唐皇帝，他们不仅在唐蕃战争中争雄，在吐蕃时期的敦煌壁画中也表现出了帝王间的较量。敦煌壁画维摩诘经变，主要描绘精通大乘佛教的在家居士维摩诘和智慧第一的文殊菩萨之间辩论

莫高窟第159窟　东壁门北　中原帝王礼佛图　中唐

佛法的故事。贞观初年，周边地区使者前来唐朝朝贡，唐太宗命画家阎立本绘制了各国使者的形象，并以文字描述所绘人物的国家，这个图文并茂的图卷就是《职贡图》。同样，敦煌壁画从初唐开始，维摩诘经变中前来听法的人物就包括身穿不同服装的各族王子。他们被分成两组，一组在文殊菩萨下方，以中原帝王为首；另一组在维摩诘下方，包括来自大唐周边地区的各位王子，但这组人物没有首领。吐蕃占领敦煌之后，原来在维摩诘下方众人中寻不到踪影的吐蕃赞普，忽然带着盛大的仪仗成为这组人物的首领。

中唐莫高窟第159窟壁画中文殊菩萨座下，世俗的听法者以中原帝王为首。一行人最前方为手捧香炉、棕色皮肤的昆仑奴，之后为捧着花盘的侍女与两位文臣组成的导引。画中帝王头戴冕旒，双手合十而立，两侧各有一侍女，身后有穿铠甲的卫士执宫扇。皇帝身旁和身后

莫高窟第159窟　东壁门南　吐蕃赞普礼佛图　中唐

为各族王子。与之相对的维摩诘居士帐下，吐蕃赞普一行明显与中原帝王形成分庭抗礼之势。赞普身形高大，气宇轩昂，有导引随从前呼后拥。画中赞普头缠红巾，着交领内衣，外套翻领长袖大衣，腰束皮带，佩短刀，右手擎香炉供养，形体丰硕健壮。随赞普出行的，一人捧供物于前，二侍从引路，赞普身后一侍从高挑伞盖紧紧相随。后面三人，应为臣属，各执鲜花，缓缓而来。其余各位王子，均以附属者身份尾随其后。

此时的吐蕃王朝强盛，与大唐争雄河西与西域。在敦煌壁画中，就绘制了这样的王者对峙的画面。这是以现实生活为依据，具有现实意义的一幅历史人物画杰作。

珠光宝气与小清新

提到珠光宝气，我们眼前浮现的常常是清宫剧里那些后妃们，她们的衣服用金线银线织绣，全身上下戴着各色珠宝玉石。珠宝作为人类的装饰物有着悠久的历史，人们不仅把它们戴在身上，还把它们作为建筑物装饰。比如被誉为“世界新七大奇迹”之一、建于17世纪的印度泰姬陵，就在大理石表面镶嵌了成千上万颗宝石。比泰姬陵早800多年的敦煌壁画中，其实就已经出现用珠宝装饰的建筑物了！

中唐莫高窟第361窟以建筑画闻名，特别是北壁的一座二层佛塔，每根柱子都向内弯曲，无论在柱子上还是在塔檐上都镶嵌了大量的宝石。这样的塔，广用曲线、装饰华丽、玲珑奇巧，可谓极尽珠光宝气之能事。据历史记载，当时的泥婆罗国（尼泊尔）宫中有座七层的高楼，建筑的栏槛楹桷都装饰着珠宝。吐蕃赞普松赞干布曾迎娶泥婆罗的赤尊公主，并由赤尊公主选用尼泊尔工匠修建了大昭寺。所以，壁画里出现的这种奢华的建筑风格，应是通过吐蕃传入敦煌的尼泊尔风格。

这些建筑物虽然奢华但不艳俗，而是被统一在中唐壁画小清新的

莫高窟第361窟　北壁　佛塔　中唐

格调当中。这时壁画的敷彩多用青、绿、赭、黄以及云母粉等冷色，形成肌肤浅染、填色简淡的格调，画面呈现出俊爽雅逸、恬淡清新的意趣，并出现了一系列萌态可掬的人物。画中的六位护法，形象都极具个性。前排第一位手托宝塔的是毗沙门天王，就是《西游记》里托塔李天王的原型；第二位头顶孔雀，长着鸟嘴，这是孔雀神王；一条黑色大蛇从第三位脑后绕过，这是大蟒神摩睺罗伽。后排第一位绿脸三眼、高举日月的是争强好斗的阿修罗；手搭凉棚、绿色爆炸头的是夜叉；头上顶着张嘴大鱼的是摩竭鱼王。这些护法神组合在一起，简直像是化装舞会的现场。

莫高窟第361窟　北壁　护法神　中唐

收复河西的英雄画卷

公元842年，赞普朗达玛遇刺身亡，吐蕃大乱。吐蕃原洛门川讨击使尚恐热趁势篡夺了吐蕃大权，自立为宰相，与鄯州节度使尚婢婢争权夺利，自相残杀，使河西百姓陷入了水深火热之中。尚恐热为人残忍好杀，他带领吐蕃士兵大掠河西鄯、廓等八州，将青壮年全部杀死，以劓刖之刑残害老人和妇人，将婴儿挑在矛尖上取乐，焚屋毁庐，无恶不作，方圆五千里，几乎成为无人赤地。尚恐热在河西的暴虐行径，不仅激起了河西人民的满腔怒火，也引起了部下的怨望不平，人人都伺机而发。正值此时，吐蕃国内连年灾荒，百姓备受无食之苦，饿死者接二连三。

面对如此悲惨的景象，河陇各地的吐蕃守将思想混乱，兵防空虚。唐王朝乘此时机，决心收复河湟。844年三月，唐王朝认为回鹘现已衰微，吐蕃又值大乱，开始商议收复河湟四镇十八州事宜。847年五月，河东节度使王宰率代北诸军，在盐州大败尚恐热。次年十二月，凤翔节度使崔珙破吐蕃军于清水，并一举收复了原州（宁夏固原）、石门等六关和威州（宁夏中卫）、扶州（甘肃文县西）。唐王朝的军事胜利使河西人民看到了归复的曙光，人心为之鼓舞振奋。

公元848年，敦煌大族领袖张议潮高举义旗，反抗吐蕃的大起义轰轰烈烈地开始了。起义的骨干来自三股势力：第一，敦煌的名门望族，如张氏、索氏、李氏等。他们都是沙州地区举足轻重的世家大族，有的甚至是累代将门，在起义和收复河西的过程中，他们立下了汗马功劳。第二，释门教首和僧众。当时的名僧洪辩为吐蕃“知释门都法律兼摄行教授”，但他“远怀故国，愿被皇风”，所以率领僧众尽力帮助张议潮收复沙州。敦煌是中西交通的要冲，自古佛教就极为兴盛，信徒数量庞大，教团也很有势力，释门教首和僧徒在百姓中很有影响力。第三，豪杰义士。这些人侠肝义胆，往往能够号令一方，如副使安景旻、部落使阎英达等都是当地豪杰。

张议潮在这些人的鼎力相助之下，明确提出了“归国”的口号。一待时机成熟，张议潮毅然募兵集众，发动起义。正史对此事记载非常简单，说张议潮带领全副武装的士兵在城门处誓师起义，当地的汉人纷纷响应，吐蕃守将见此场面被吓得立刻逃走，张议潮随即接管沙州事务。实际上，这场起义没有这样简单容易，而是经过浴血奋战才取得胜利。张议潮的义军起初被吐蕃军队围攻，张议潮采取了许多战略战术，如“启武侯之八阵，纵烧牛之策”，最终才突破蕃军重围。在短兵相接之际，“白刃交锋，横尸遍野，残烬星散，雾卷南奔”。经过一场残酷的白刃战之后，张议潮终于一举收复沙州。

当张议潮收复沙州时，河西其他州县仍在吐蕃统治之下。为了能及时向唐廷报捷，张议潮立刻派出使者奔赴长安。首批使者经过千辛万苦，才在天德军（在今内蒙古乌拉特前旗）防御使李丕的协助下，于850年抵达京城长安。唐宣宗闻讯后，不禁感慨道："自古河西出将才，真是一点儿不假！"在这两年中，张议潮以沙州为根据地，整饬军队，发展生产，且耕且战。在沙州根据地的保障下，张议潮继续进军，和吐蕃人展开了进一步的斗争，到851年又相继收复了邻近的肃、甘、伊等州。为了实现回归大唐的梦想，这年八月张议潮又派其兄议潭和州人李明达、李明振，押衙吴安正等二十九人奉瓜、沙、伊、西、甘、肃、兰、鄯、河、岷、廓十一州的图籍入长安告捷。至此，除凉州（今甘肃武威）外，陷于吐蕃近百年的河西故地终于重归唐朝。

张议潮收复河西，是敦煌历史上的大事件，为了歌颂他收复河西的功劳，晚唐莫高窟第156窟绘制了巨幅历史画卷《河西节度使张议潮统军出行图》。第156窟是沙州刺史张淮深为纪念叔父张议潮而开凿的洞窟，所以又被称为"张议潮窟"。此窟南、北、东壁下部是著名的历史题材长卷《河西节度使张议潮统军出行图》与《宋国河内郡夫人宋氏出行图》。这两幅出行图内容十分丰富，有军仗、军乐、仪仗、兵制、

运输、狩猎、杂技、邮驿、服饰、交通等大量社会历史和民俗资料。

《河西节度使张议潮统军出行图》绘于主室南壁及东壁门南下部，全长8.20米，宽1.03米，仪仗出行的主体部分长约6米。全图绘各种人物一百一十四身，马八十匹，骡子两匹，骆驼两峰，还有猎犬、黄羊等，阵容庞大，人物众多，队列整齐，布局严谨，气氛热烈，画艺高超，为晚唐壁画之杰作，在中国绘画史上也有重要意义。

画面由南壁西端开始，最前部是军乐和歌舞为前导的仪仗队，旌旗招展、鼓乐喧天，其中军乐队即“横吹队”，是古代鼓吹铙歌之属，有八人鼓吹开路，四个吹角，四个击鼓。军乐队之后有戴盔披甲、腰挎箭囊的骑马武士十人，即“武骑”仪仗队，分成两列，打大旗者在前，执稍者在后。紧随武骑仪仗之后的是引导官二人，各执头大柄小的板状物，立马夹道，他们是指挥后面舞伎行止缓急的。居中的有一组歌舞表演，舞蹈共有八人，分成两列，他们是随军的歌舞伎，也就是营伎，在上者为着汉装者，在下者为着吐蕃装的长袖舞伎；后面有小型乐队

莫高窟第156窟　南壁　河西节度使张议潮统军出行图（局部）　晚唐

站立伴奏，乐队十二人，其中大鼓一对，分居两侧，一人背鼓，一人击鼓，其余乐师执拍板、笛、箫、琵琶、箜篌、笙、腰鼓、钹等乐器。舞乐两侧骑马侍立的是文骑十人，左右列队，每侧五骑，穿高衩红袍，戴幞头，蹬白毡靴，此即“左右马步都押衙”，他们掌管节度使府的警卫，出行时开路先导。

之后为执旗者，共六人，分成两列，每旗饰七带，竿头有椭圆形装饰物，这就是节度使出行时必备的仪仗，古称“六纛”，以示威严。之后又有执门旌者一对，执小幡者一对。门旌就是门旗，出行时随六纛之后，在旌节之前，起夹行旌节的作用。后随三骑，与门旌形成三角，前两骑各执一未张开的伞状物，这就是外套袋囊的旌节，旌主赏，节主杀，这是节度使权力最重要的象征。此后是节度使幕府的武职衙将三身，也就是“衙前兵马使”，后步行两列“银刀官”八人，他们手执仪刀，是张议潮的贴身侍卫。其后有两人执辔夹马而行正在通过拱桥，这是幕府职事官“引驾押衙”。

这时，真正的主角张议潮才出场，他身穿红袍，体态健硕，膀阔腰圆，骑乘白马，左手牵缰，右手举鞭，已行至桥头，两侧执辔侍从夹马步行。小桥上方，有榜题“河西十一州节度使张议潮□除吐蕃收复河西一道出行图”。张议潮坐骑后，紧随两骑，是“左右厢虞候”，也就是子弟兵中的首领，随后紧跟一群骑吏，三排十五身，各执弓囊、箭袋、剑、盾、麾枪、伞、扇、大旗或包袱等物，这是他的内亲侍卫亲军，也就是子弟兵。最后在东壁门南，为辎重和行猎部分，有驴、驼、马运输队，胡人赶运，又有骑马射猎之人。该出行图是一幅不可多得的反映历史人物真实生活的画卷。

《宋国河内郡夫人宋氏出行图》绘于北壁及东壁门北底层，与张议潮出行图相对，同样长八米有余。这幅画场面宏大，既有歌舞百戏，又有仪仗侍从，身份不同，姿态各异，形象地再现了世俗的种种活动。画面由北壁西端开始，以歌舞百戏为先导。百戏有精彩的顶竿表演，一力士顶竿，伸出两手平衡身体，竿上三童子演出惊险动作，一童子

莫高窟第156窟　北壁　宋国河内郡夫人宋氏出行图　晚唐

正顺竿向上爬，旁边一人擎长竿保护，下有四人伴奏。后面四人婆娑起舞，乐队六人分别持笙、笛、琵琶、箫、拍板、腰鼓伴奏，舞乐上方榜题“音乐”二字。下部三身乘奔马飞驰者，是出行队伍中传递信息的使者，即信使。前者驰马挥臂向前方呼喊，中者斜挎公文袋回首向后转递公文，后者急速赶来收接。乐舞队之后是六名女官，后为辎车一辆，这是夫人的行李马车，前有两人牵拉，后随侍女八人，执团扇，捧包袱等物。之后是“檐舆”两乘，即两顶蓝色大轿，各有八名轿夫弯腰弓背抬行，这就是八抬大轿，里面坐的是夫人的女儿，后随男女侍从六人。其后是轺车两乘，红马驾辕，辔车驭马，侍从两旁随行。车围帷幔，后随执团扇、捧包袱的侍女数名。

道路中间为骑红马着男装的女引道官，双手执鞭，缓步慢行，后随女乐四人，在行进中演奏箜篌、琵琶、笙和拍板，两旁八位银刀手警卫。这时，才出现了主角宋国夫人，宋氏面容丰满，头戴花冠，着紫色交领大袖衫，齐胸束粉裙，衣褶分染，重墨勾线，乘长鬃白马，稳步缓行，两旁侍者相随，前有榜题“宋国河内郡夫人宋氏出行图”。宋国夫人身后，随侍九骑，除一人女装外，其余皆女扮男装，分别执扇、奁、镜、琴、炉、壶、包袱等日常用品，应是夫人的贴身女眷。画面最后转入东壁门北，为大规模的辎重运输并狩猎场面。该出行图表现一位唐代贵妇出游的奢华场面，展示当时社会生活的多个方面。

意外发现的宝藏洞窟

无论是《阿里巴巴与四十大盗》还是《基督山伯爵》，故事的主人公总是意外获得了秘密地点的巨大宝藏，从此改变了人生。敦煌莫高窟也有这样一个宝藏洞窟，发现者道士王圆箓不仅因它改变了自己的命运，更牵出一段国宝文物流散的伤心史。这个装满“宝藏”的洞窟，就是晚唐莫高窟第17窟。

这个洞窟位于莫高窟第16窟的甬道北壁，原是晚唐时期河西佛教界最高领袖都僧统洪辩的禅室。洪辩去世后，这个小室被改成纪念堂，正壁（北壁）泥床上塑洪辩真容像，床西向面画双履，床南向壶门内画双鹿衔花与狮子。正壁画双树，西侧树下绘一手执杖、一手执巾的近事女，树间挂布袋；东侧树下画持纨扇比丘尼一身，树间挂水壶。西壁嵌有洪辩告身碑，讲述他的生平。后来人不知为什么，将洪辩像从此窟中移走，而把大量佛经、社会文书、绢画、法器及其他艺术品秘藏于此窟，砌墙封闭窟口，并在外面绘上壁画，数百年来无人发现。

晚清时候，一个名叫王圆箓的道士流落到莫高窟，并自作主张地

莫高窟第17窟　窟门　晚唐

莫高窟第17窟　洪辩像　晚唐

担任起这里的住持。他雇佣敦煌贫士杨某为文案，冬春间抄写道经，以供发售。夏秋间，朝山进香者络绎而至，杨某在今第16窟甬道内设案，接待香客，代写醮章，兼收布施，登记入账。1900年初夏，杨某坐在甬道内，返身于北壁磕烟锅头，觉有空洞回音，疑有密室，便赶紧向王圆箓报告。在这年农历五月二十五日半夜他们破壁探察，发现堆满写卷、印本、画幡等大量文物的第17窟。与小说中的宝藏不同，这个洞窟主要收藏各类古代文献，所以后来被称为“藏经洞”。

敦煌藏经洞为20世纪最重要的考古发现之一，和殷墟甲骨、内阁档案大库、居延汉简一起被称为中国古文献的四大发现。藏经洞内保存了六万多件古代各类文献。其中，90% 的汉文文献为佛典，包括经、

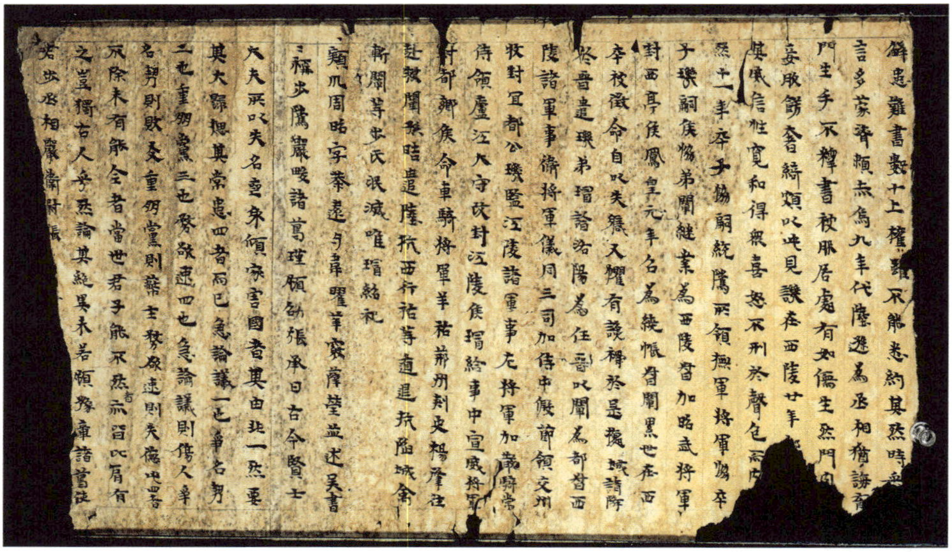

敦煌研究院藏《三国志·步骘传》残卷　东晋　藏经洞出土

律、论、疏释、赞文、陀罗尼、发愿文、启请文、忏悔文、祭文、僧传、经目等。非佛教文献占10%，但内容广泛，包括四部（经、史、子、集）、道经、摩尼教典籍、景教典籍、俗文学、文书档案等。官私文书是其中最具史料价值的部分，包括符、牒、状、榜文、敕词、过所、公验、度牒、告身等，均为当时的第一手资料，较传世史籍更为直接具体。此外，还有大量古藏文、回鹘文、于阗文、粟特文、梵文等各种文字写成的文献材料，丰富了少数民族生活和中西交流的历史记录。

藏经洞艺术品主要是先后不同时期产生并流行于敦煌地区的绘塑作品，如绢画、麻布画、纸画，也有丝织品，如彩幡、刺绣等，又有木雕艺术品。值得一提的是，藏经洞这些艺术品大多为极其珍贵的文物，因为这些艺术品的特殊质料在历史上是很难保存下来的，更何况数量如此丰富、历史如此悠久的绘画艺术品，在国内外极为少见，有着无法估量的价值。

藏经洞内的发现无论从时间、内容、数量、价值等各方面均堪称独一无二。但由于晚清国力衰微，竟然将如此珍贵的大批文物委托给了发现者王道士保管，致使这批文物先后被英、法、俄、日诸国探险者骗取盗劫，所剩者在运往北京途中又被地方官和押运官多次窃走，最后收藏于现在国家图书馆的仅有13000多件。藏经洞文物流落世界各地，对于中国来说是一个巨大的民族悲剧，但同时也引发了一门世界性的显学——敦煌学。

大英博物馆藏　敦煌绢画　引路菩萨图　五代

佛教偶像大变身

在电影《哪吒之魔童降世》里，黑眼圈的消极小萌童一生气就能变成一头六臂的大长腿小哥哥，战斗力迅速地往上涨。而在动画片《哪吒闹海》里，这个小家伙直接变成了三头六臂，叮叮当当打个不停。大家都知道，哪吒还有两个哥哥，大哥金吒、二哥木吒，按照“金木水火土”的次序，哪吒不应该叫“水吒”吗？实际上，《西游记》中托塔李天王父子来源于佛教，他们的原型是北方毗沙门天王父子。

佛经记载，毗沙门天王有三个儿子，老大没说叫啥名，老二叫“独健”，老三叫“那吒”，后来也写作“哪吒”。所以，本来哪吒三兄弟就不是“吒”字辈，更没有五行的排行。因为哪吒经常帮他老爸毗沙门天王捧着宝塔，所以这对父子常常组成超级战斗小组，成为佛教最有力的护法团队之一。在他们加入佛教团队之前，实际上是古印度婆罗门教的天神，而婆罗门教的天神中有大量多头多臂的神仙，比如最早的印度创世神梵天就是四面四臂。

这些多头多臂的婆罗门教天神后来被吸收进佛教，纷纷加入了佛教

莫高窟第14窟　南壁　十一面观音经变　晚唐

的护法团，成为佛陀和僧侣们的保镖。随着佛教的发展，因为神秘主义对人的特殊吸引力，佛教中逐渐发展出密教，菩萨们也开始大变身，出现了跟哪吒一样能变化出多头多臂的菩萨。晚唐莫高窟第14窟壁画集绘大量密教神像，在莫高窟洞窟中十分少见，其中就有观音菩萨和文殊菩萨的大变身！

南壁中部的十一面观音经变，观音菩萨变成十一面六臂。菩萨结跏趺坐，十一张脸按下三中五上三的顺序排列。最下层观音主面三眼，翠眉绿须；每层最左侧一面均有两颗尖牙龇出，最右侧一面均为忿怒面；其余中间诸面为菩萨的慈悲面。观音六臂，最上两手结印，中间两手分别持念珠和莲花，最下左手持净瓶、右手结印。观音菩萨周围绘制的一些小的故事情节，主要描绘信奉十一面观音及其经典的功德及可以免除的各种灾难。

南壁中部还绘不空羂索观音变，不空羂索观音也是观音的密教化身之一。羂索是古代印度的捕猎工具，不空羂索是形容修行时总能有收获，不会空手而归。画中不空羂索观音一面八臂，分别执锡杖、戟、柳枝、宝瓶、胡瓶、澡瓶、莲花等。人物盘腿而坐，头顶化佛冠，身披仁兽皮。

莫高窟第14窟　南壁　不空羂索观音变　晚唐

仁兽，据说是一种类似山羊但体型更小的动物。传说它天性善良，为人忘己。捕猎时不需要围猎，只要让两个人手拿兵器在它面前叫骂争斗。仁兽看见后，必定跑到两人中间把争斗之人隔开，猎师这时趁机捕捉。观音菩萨和弥勒菩萨有时会披仁兽皮，象征天性慈悲善良。

与不空羂索观音变相对的北壁中部，绘有如意轮观音变。如意轮观音也是观音的密教化身之一，其特点是手中总是托着如意宝珠和法

莫高窟第14窟　南壁　如音轮观音变　晚唐

轮，合称如意轮，形容修行时称心如意。画中如意轮观音一面六臂，头顶化佛冠，交脚自在而坐。左上手托法轮，右上手拄头思考，左中手托如意宝珠，其余各手结印。膝上有团花为饰，裤裙精美华丽。周围有眷属天王护法围绕，环境的热烈更衬托出如意轮观音的恬静。画面右上角一身着铠甲的天王，左手执旗，右手托宝塔，这就是哪吒的父亲北方毗沙门天王，小说里托塔李天王的原型。

莫高窟第14窟　南壁　千手千眼观音变　晚唐

上面这些十一面、六臂或八臂的变化，已经让人耳目一新。观音菩萨和文殊菩萨还有更厉害的变化，即变出千手的形象。南壁东侧为千手千眼观音变，千手千眼观音是密教中信奉者最多的菩萨，以其有千余只手，每只手中生有一只眼睛，能遍见大千世界中的各种苦难并前去相助而闻名。画中千手观音为坐姿，大手各执法器，层层小手展开如身光，手中均绘一眼。千眼照见、千手护持，是对千手观音最直观的概括。

莫高窟第14窟　北壁　千手千钵文殊变　晚唐

北壁东侧的千手千钵文殊变，是文殊菩萨的一种密教形象。其特点是菩萨有千只手臂，每只手中托一钵，钵中有须弥山，释迦佛祖端坐于山上。文殊菩萨的这一形象，应是受千手千眼观音形象的启发，观音千手中有千眼，文殊千手中有千钵。画中一山出于海中，山腰有龙缠绕，文殊菩萨端坐于山顶莲台之上，大手中均托钵，钵中有佛，小手也托钵，环绕身体层层展开，遍及身光。上有日光、月光两菩萨，下有眷属天王供养护卫。

高僧翟法荣的升职纪念

古人为什么要营建石窟？石窟作为佛教活动场所，在佛教产生的时候就出现了。最早的石窟只是作为僧人们修行的场所，大多零星地分布在深山之中。随着佛教的发展，慢慢出现了在某一地区开凿供多人修行的石窟群，或是在一个大窟之中开凿多个小室供数人修行。这样，石窟群逐渐形成规模，除了供禅修和生活使用之外，还有专门在窟内雕塑佛像、绘制壁画的礼佛窟。佛教信徒认为，营建石窟可以积累功德，得到佛、菩萨的保佑。随着佛教越来越社会化，以家族为单位出钱营建的“家窟”，也成为彰显家族势力、光耀门楣的一种行为。

咸通三年（862），敦煌高僧翟法荣被提升为河西都僧统，成为整个河西佛教界的最高领袖。为了表示庆贺，以翟法荣为首的翟氏家族营建了功德窟，即晚唐莫高窟第85窟。此窟规模宏大、内容丰富、艺术精美，全窟绘有十四铺经变画，是莫高窟容纳经变画最多的洞窟之一。窟内原立有《翟家碑》一方，现已不存。幸好在藏经洞出土的文献中存有碑文的底稿，记载了翟氏家族的历史及建窟缘由。本窟壁画，保存了许多古代市井生活的场景，成为研究社会生活史的重要图像资料。

窟顶西披弥勒经变中的迎亲图，是整个敦煌石窟唯一的一幅。古时正式的婚礼有新郎亲迎、乐舞助兴、拜堂成礼、奠雁之仪、共入青庐五个步骤。嫁娶成礼之所以被称为“婚礼”，是因为古人举行婚礼时的所有活动都必须在黄昏之后进行。新郎要在“昏时”去女方家里迎亲，因此最初叫“昏礼”，以后演变成“婚礼”。画面左下角有一人高擎火把，在前引路，后面就是新郎与傧相的亲迎队伍，众人都乘马前往。画面虽有残损，但很清楚地表现了新郎在黄昏之后迎亲，并让仆役手持火炬在队伍前方照明的“执烛前马”的情景。2008年北京奥运会时，敦煌研究院为了迎合奥运的主题，将这个一千多年前高举火把的人作为最早的火炬手，印在了宣传画当中。

莫高窟第85窟　甬道　翟法荣　晚唐

莫高窟第85窟　窟顶西披　执烛前马　晚唐

窟顶东披的楞伽经变中，绘有多个譬喻小故事画及唐宋时期的生产生活场景，如育儿、杂技、制陶、狩猎、屠宰、照镜、服药等。佛经中说，吃肉的人让人看了就害怕，就像猎人捕鱼网鸟做各种杀生的事，所以动物们见了猎人就远远逃走。本意是劝说佛教徒不能吃肉，因为人们见了吃肉的人后会感到恐惧，就像野兽见到猎人一样。画工按照自己对经文的理解，绘制了一幅出猎图，画中几个猎人，有带鹰前导的，有握斧拉猎狗的，有执弓背猎物的，还有回头唤猎狗的。

莫高窟第85窟　窟顶东披　出猎图　晚唐

莫高窟第85窟　窟顶东披　肉铺图　晚唐

佛教反对杀生，认为卖肉的人为了谋利，在街道市集贩卖各种肉类的行为不可取。佛经劝人不犯杀戒，壁画就把当时肉铺的样子描绘出来。肉铺有铺面、摊位，铺内架子上铁钩挂着待售的肉，琳琅满目；桌上也摆满肉，货色丰富；门前还设肉案两张，一张放着一只宰过的整羊；另一张放肉块，主人正操刀割肉，案下一只狗在啃骨头，另一只狗正翘首仰望，等待主人的恩赐。狗为肉食动物，可增添肉铺气氛，同时暗讽肉坊与犬为伍，颇有画龙点睛之意。

高龄索义辩
未完成的事业

古人开凿一个洞窟有哪些工序？需要多少时间？洞窟开凿要经过整修崖面、凿窟、绘制壁画、塑像、修造并装饰窟檐或殿堂等程序。涉及的工种包括打窟人、泥匠、灰匠、画匠、塑匠、木匠等，他们分别负责各个阶段的营造工作。受洞窟规模大小、窟主的财力和势力、社会变迁等各方面条件制约，洞窟从始建到完成的时间也不一样。根据文字记载，大型洞窟整修崖面和开窟的时间一般需要一到三年，一次性绘制壁画的时间约为三个月到半年，修建窟檐最多一个月时间。记载比较明确的莫高窟第94窟，全部完成前后花了三年时间。还有一些家族窟，始建时窟主已是高龄，洞窟还没建成窟主就已经离世。这样营建工程会由窟主的后辈继续完成，比如晚唐莫高窟第12窟。

莫高窟第12窟，唐咸通十年（869）前后由索义辩和尚主持营建。索义辩为金光明寺僧人，因其担任沙州释门都法律，所以此窟又称“索法律窟”。本窟前室下部绘有《索义辩出行图》，是莫高窟唯一的僧官出行图。此图前有鼓吹、仪卫、驼马队引导，后有僧俗供养人跟随，虽不及莫高窟第156窟《河西节度使张议潮统军出行图》的规模宏大，但也彰显了索义辩及索氏家族在当时的社会地位。

索氏家族是敦煌传统的世家大族，早在西汉元鼎六年（前111）就已迁居敦煌。索义辩的祖父索奉真在抗击吐蕃的战斗中表现英勇，他父亲索定国在陷蕃后成为一名佛教居士，不再继续为官。义辩的哥哥索清宁为沙州城防使，弟弟索清政是礼乐名家，都先于索义辩亡故。索清宁有三个儿子，长子出家为僧，法号振国，次子忠颙镇守凉州，在武威战死，三子忠信为河西节度押衙。索义辩开凿莫高窟第12窟时已是76岁高龄，所以功德窟还没完成，义辩就已经故去。他的侄子振国继承了叔父的遗志，主持完成了第12窟的后续工程，藏经洞出土文献《索法律窟铭》对此窟营建诸事有详细记录。

本窟主室东壁门上，有索义辩祖父母索奉珍夫妇的画像。索奉珍，头戴展脚幞头，身穿圆领窄袖袍，盘腿而坐，双手持长柄香炉，神情虔恭。

莫高窟第12窟　东壁门上　索奉珍夫妇　晚唐

夫人大盘髻，上穿红衫，下系蓝裙，手执香炉。主人身后各立两侍者，双垂髻，身穿蓝、红、绿色圆领长袍，举团扇，捧包袱，容貌清秀，仪态端庄。洞窟内的经变画描绘了很多现实社会的场景，具有浓郁的生活气息。

南壁法华经变中的髻珠喻故事，主要讲转轮王对于征战有功的将士会给予封赏，其髻中之珠是最珍贵的宝物，从不轻易示人，只会奖赏给最有功的大将。这是将《法华经》比作髻中宝珠，认为这部经是佛教至宝，以前佛未曾说就是因为此经不能轻易示人，而能听到该经者更是三生有幸。画工据此绘出了一幅征战的画面：两座城堡内，高殿上的国王下达出兵征战的命令，城外三路骑兵风驰电掣地会合在大河岸边。这些冲锋陷阵的骑兵，先锋夺河而过，士卒落水，空鞍马爬上岸。对岸步兵跪地射箭阻击。尤为称道的是马的造型很美，疾驰劲

莫高窟第12窟　南壁　法华经变　髻珠喻　晚唐

莫高窟第12窟　南壁　弥勒经变　婚嫁图　晚唐

奔的情态逼真。这幅画可以说是古代骑兵步马混合鏖战的近景特写。

南壁弥勒经变下的屏风画中有一幅婚嫁图，表现未来弥勒世界女子到五百岁才出嫁。画中左侧的帷帐内设有礼席，男女宾客分别坐于长桌两旁，桌上摆着食物，为首的两位女客似乎还在交谈。右侧为新郎新娘及众位男女傧相。身着红袍，手捧笏板，行五体投地大礼的是新郎，新郎一旁打扮最华丽的行揖礼的是新娘。这种行礼形式代表敦煌的一种特殊婚俗，被称为“入夫婚”，是男到女家成婚的一种少数民族婚俗。男子到女方家举行婚礼，所以需行大礼，而女子面对的宾客都是家中的亲朋好友，只行轻礼就行了。画面中央摆的是彩礼，三只箧内盛有衣物、匹帛、被褥等，旁竖圆镜一面。

北壁药师经变下部屏风画中有一幅放生图，放生是佛教的一大功德。佛经中说，续命时要“放杂类众生至四十九”，在“消除七难”时也要放生。画中一位长者正在放生，所放的第一只鸟已经展翅高飞，第二只鸟才刚刚离开长者的手，向上腾飞，翅膀还没完全展开，第三只鸟正停留在长者手上。这三只鸟，实际上表示一只鸟飞走的三个连续动作，可见古代画工的精心设计。长者前面，有几个人正在观看放生，其中一个人手里还牵着一头羊，可能也要放生，羊正抬首仰视重获自由的飞鸟。

莫高窟第12窟　北壁　药师经变　放生图　晚唐

奴婢喜和母女的心愿

大唐盛世，是中国历史上最辉煌的篇章。繁华熙攘的长安城、东西两市售卖的奇货、华美无比的丝绢唐装，使“梦回大唐”要多浪漫有多浪漫！可是等等，想想生活细节，除了没有抽水马桶，洗热水澡似乎也不方便。最要紧的是唐朝可不是个“人人生而平等”的社会，穿越之后什么出身绝对是个要命的问题。简单说来，家里有没有钱还在其次，关键是千万别生在贱户之家！

唐朝政府将全国人口分成两大类别：良民与贱民。良民在法律上的身份是自由民，需要履行纳税、服役这类的国民义务，同时也拥有财产权、人身权等国民权利，家里穷不要紧，还能参加科举改变命运。贱民呢？在法律上不具有国民资格，没有独立的法律人格，也没有人身自由，必须以人身依附于主家。这个主家可以是私人，也可以是官府。

唐代贱民就像是主家的财产一样，在法律上没有人格，没有政治权利，压根没资格参加科举！唐律规定，买卖奴婢跟买卖马、牛、驴这些牲畜一样，主人家说了算。良贱之间，界限分明，壁垒森严，不可逾越。贱民不能跟良民通婚，除非获政府批准放良，否则贱民终生都是贱民。不仅如此，他的子子孙孙也都是贱民。有朝一日从贱民变成良民，成为一个真正的人，是无数唐代贱民的人生目标！这样的愿望，在晚唐莫高窟第107窟被绘入了壁画。

根据主室西壁龛下文字，莫高窟第107窟建成于咸通十二年（871）。本窟窟顶绘千佛，西壁正龛屏风画绘弟子和菩萨像，龛外两侧各绘一身北方毗沙门天王。天王均头戴宝冠，身穿铠甲，左手托宝塔，右手执戟。画面左侧天王脚下可见一菩萨装人物露出上半身，双手托北方天王双脚，这是坚牢女神，即大地仙女。本窟四壁下部均绘供养人，从现存的文字可以看出，此窟仍是以家族为单位出资开凿的。

莫高窟第107窟　西壁　晚唐

莫高窟第107窟　东壁　喜和母女　晚唐

有趣的是，在这家人最后的喜和母女，其实是奴婢身份。她们在这个窟中仅出资绘制了六尊释迦牟尼像，母女二人希望能借绘制佛像积累的功德“舍贱从良”，即由贱民变成良民。母女二人形象简单，红衣白裙，怀中分别抱着钿盒和包袱。两人眼神对视，似乎正互通心事。

确立地位的崖面选址

无论是表演还是拍照，甚至于工作和生活中，大家都希望自己能妥妥地站在中心，成为众人的焦点。可你们知道吗？连莫高窟的崖面都有核心区！莫高窟第96窟北大像，也就是现在莫高窟的标志性建筑九层楼所在的区域，就曾是莫高窟崖面的领袖区。谁能在北大像旁边开个窟，谁就是妥妥的敦煌老大！

晚唐张议潮收复河西，对唐王朝来说是喜忧参半的，喜的是陷蕃百年的河西终于重归大唐版图，忧的是这时中央政权势弱，唯恐张氏归义军尾大不掉，成为与唐朝分庭抗礼的独立政权。为此，唐王朝采取了一系列措施，以阻止归义军的进一步发展。张议潮起事不久，为了向唐王朝表示忠心，其兄张议潭就先身入质，留居长安。867年，69岁的张议潮也急流勇退，将归义军事务委托给侄子张淮深，自己则束身归阙，留居京师。接过归义军大权的张淮深，为了取得唐王朝的认可，多次派人向唐朝求授旌节，直到888年才成为官方认可的正牌节度使。

虽然还没有得到唐朝颁发的节度使旌节，但乾符年间（874—879）

张淮深征讨西桐回鹘取得胜利，唐王朝曾为张淮深加官晋爵。这时归义军周边各族通好求和，敦煌地区岁稔年丰，社会进入了被称为“乾符之政”的太平时期。为了宣传自己的政绩，进一步树立自己威信，张淮深想到了修座大窟的办法。我们都知道，这时在莫高窟开个家族窟，显示家族实力，已是敦煌大族的必然选择。但并不是所有人都能在北大像附近开窟的，张淮深作为当地的最高军政长官，在如何能把自己的窟开在这里确实动了小心机。

张淮深先是说北大像的窟檐已经朽坏，于是主持重修，并将原来的四层改为五层。之后说自己想修一座洞窟，但是在崖前眺望了许久，竟然找不到可以开窟的地方。看来看去，只有北大像旁边最合适，又恰好天降神迹，某天夜里山体发出巨大的响声，崖面自然豁开就像人

莫高窟第94窟　外景　晚唐

莫高窟第94窟　主室内景　晚唐

工削成的一样。张淮深于是就在这里开凿了自己的功德窟。其实，在唐代，虽然莫高窟已出现千窟峥嵘的局面，但即使到现在，崖面的南北两端还是有不少可以开窟的崖体，只是这些位置都不靠近中心窟区，比较边缘。张淮深作为当时敦煌地方的最高统治者，当然要把窟开在崖面的核心区才能显示自己的身份和地位。

张淮深开凿的这座洞窟就是晚唐莫高窟第94窟，也因为他死后被追赠为“司徒”，这个洞窟也被称为“司徒窟”。此窟初建时绘有十六铺经变画，但表层经过北宋重修，唐代壁画大部分被北宋壁画覆盖。主室四壁表层为北宋绘制的图案化的千佛，中心佛坛上的彩塑也经清代重修，中心佛坛上还有一身清代塑的太上老君像。晚清时期，道士王圆箓自称莫高窟住持，在莫高窟内塑了不少道教神像，这就是其中一尊。现在的莫高窟第94窟，虽然占据着崖面的核心位置，但随着时间的流逝，再也不复张淮深当初的荣光。

亲戚间的权力之争

看过宫斗剧的都知道，皇帝的儿子们为了当上太子，哪管什么手足情谊，关键时刻背后捅兄弟一刀，绝不留情。中国封建社会是中央集权制，将来当上皇帝就等于拥有一切大权，其实对于割据一方的地方势力来说也是如此。安史之乱后，中央对地方的有效管辖减弱，地方节度使的权力膨胀。地方节度使作为一方诸侯，拥有地方上的军政大权，让无数人垂涎三尺，成为相关人等争夺的权位。公元887年，张淮深派出三批使者入唐求授旌节，唐朝不予，引起了瓜沙内部对张淮深的不满。888年十月，唐朝最终授张淮深归义军节度使旌节，但归义军内部的矛盾已经激化。

890年，张淮深及夫人、六子同时被杀，张淮深的叔伯兄弟张淮鼎继任节度使。892年，张淮鼎辞世，托孤子张承奉于索勋。索勋自立为归义军节度使，并得到唐朝的认可。894年，张议潮的一个女儿，即李明振的妻子张氏率领儿子们灭掉索勋，立侄子张承奉为节度使。李氏三子分别任瓜、沙、甘三州刺史，执掌归义军实权。到895年底，李氏

莫高窟第9窟　主室内景　晚唐

家族势力达到鼎盛，排挤张承奉而独揽了归义军大权。李氏家族的行为引起了一些瓜沙大族的反对，于是沙州出现了一场倒李扶张的政变。896年，张承奉夺回归义军实权，但此时由于内乱，归义军的辖境已缩至瓜、沙二州。公元900年八月，唐朝授予张承奉归义军节度使旌节，张承奉获得了唐王朝的官方认可。

晚唐莫高窟第9窟就建于归义军内乱的景福年间（892—893），窟主被认为是张承奉。甬道供养人绘有司徒张承奉、节度使索勋、瓜州刺史李弘定、沙州军使李弘谏等，反映了当时归义军内部争权夺利的斗争。本窟壁画保存完好，色彩艳丽，绘制精巧。主室南壁的劳度叉斗圣变具有浓厚的争斗意味，似乎影射了当时敦煌地方动荡的政治局面。

劳度叉斗圣变的故事讲：古印度舍卫国大臣须达以黄金铺地购得

莫高窟第9窟　南壁　金刚击宝山　晚唐

祇陀太子的园地，打算建立精舍请佛说法。但当时印度其他宗教的“六师外道”依仗国王权势反对，提出约佛斗法，以胜负决定是否建立精舍。外道劳度叉出面，佛弟子舍利弗应约。斗法期间劳度叉先后变成宝山、宝池、毒龙、白牛、大树等，又使魔女以美色诱惑舍利弗；舍利弗以金刚击宝山、白象踏宝池、金翅鸟啄毒龙、狮王咬白牛等破劳度叉之变，最后制服魔女，拔起大树，摧倒劳度叉坐帐，迫使外道皈降。本窟此经变高3.50米，宽8.50米，总面积29.75平方米，是敦煌石窟同类经变画中面积最大、保存最完好、内容最丰富、绘画技艺最高的代表作品。

何法师的观景台

窟檐是洞窟前依崖建造的木构外檐，是防止风沙雨雪损坏洞窟的保护性设施。根据现存石窟外崖壁上遗留的大量梁椽孔洞遗迹推测，莫高窟约有三百个洞窟曾建造过窟檐，故文献中有描述窟檐栈道相接、整体外观蔚为壮观的记载。在莫高窟现存的五座唐宋窟檐中，最早的是晚唐第196窟的木构窟檐。与北宋的第427、444、431、437窟一样，均为三开间四柱，柱下有木悬臂梁挑出形成的栈道，以解决上层洞窟间的交通问题，同时也丰富了洞窟的外观。

根据莫高窟第196窟的题记，此窟的窟主俗姓何，是一位敦煌的高级僧官，所以这个洞窟又被称为“何法师窟”。这个洞窟营建于索勋任归义军节度使时，时间大约为唐景福年间（892—893）。这个洞窟前室的木构窟檐，四根八棱木柱承托着粗大的横梁，与做工精巧的额枋、斗拱等，高高耸立在崖壁之上。这是莫高窟现存的唯一一座唐代木构建筑，也是国内少有的木构建筑之一。前室面临陡立悬空的崖壁，凭栏可俯视窟前宕泉河绿洲全貌。遥想何法师当年，不仅考虑到洞窟内

莫高窟第196窟　木构窟檐　晚唐

的绘塑，在洞窟位置的选择上也考虑到了将周边的山河收于眼底，使前室成为一座不错的观景台。

甬道北壁绘制了当时河西最高长官河西节度使索勋父子高大的供养像，身后有侍从相随，或执团扇、弓囊、箭袋，或端盘盏、酒壶等物。这些人是何法师一家为了奉迎长官而绘的，并不是此窟的真正出资人。主室东壁门两侧的人像才是真正的供养人——何法师一家，远比索勋

莫高窟第196窟　主室东壁门南　何法师等　晚唐

父子像要小得多。何家人按出家和在家分别于门南、门北排列，门南者是以何法师为首的出家子弟，均着袈裟为僧人像；门北者是以父辈为首从长到幼排列的何家男性家族成员。

主室中心马蹄形佛坛上现存五身彩塑，均为晚唐原作，未经后代改动，是晚唐彩塑中的代表作品。主尊释迦牟尼佛结跏趺坐，两旁侍立阿难、迦叶两位弟子，一旁有菩萨与孔武有力的天王。这些彩塑，仍沿用盛唐时期以胖为美的风格，但较之盛唐人物更加丰满。北侧菩萨坐姿随意，上身半裸，斜披天衣，身体丰腴。头冠已失，面相丰圆，双目下视，神情自然。可惜此时敦煌艺术已开始衰落，菩萨的装饰与衣服以绿色为主，显得清净，不再像盛唐那样繁富华丽。身体也较盛唐笨重，不如盛唐那样灵动。

公元907年，张承奉在得知唐朝灭亡后，自称白衣帝，建立西汉金山国。“西”乃指其国所居之方位，它是以中国为坐标的；“汉”乃是言其国民族之种性；“西汉”连用，意为西部汉人之国。“金山”又名金鞍山，在敦煌西南，即今甘、青、新三省（自治区）交界处之阿尔金山。金山国虽锐意进取，想收复失地，但在战争中屡遭失败。金山国建立的当年，回鹘多次对其进行打击，企图把金山国扼杀在摇篮里。

有一次，敦煌东界的防线都被突破，回鹘军长驱直入，直抵敦煌城东安营扎寨。金山国天子亲自披甲上阵，著名将领阴仁贵、宋中丞、张舍人等奋力应战，才把入侵的回鹘赶回甘州。911年，回鹘大举进攻金山国，金山国由于连年战争，国力衰微，不得不与回鹘立城下之盟“回鹘可汗是父，金山国天子是子”。从此，张承奉被迫取消“西汉金山国”国号和“圣文神武白帝”“天子”之号，并在甘州回鹘的恩准下，屈尊降格将金山国改为诸侯郡国——敦煌国。张承奉对回鹘的臣服，不仅使他丧失了在瓜沙地区的威望，也使张氏家族最后丧失了对河西地区的统治权。归义军政权最终易主他人，张氏家族统治至此终结。

914年，张承奉在内忧外患中忧郁而死。张承奉后嗣无人，于是州人公推曹议金为帅，掌管归义军政权，归义军政权从此旁落于曹氏家族。曹议金，原名曹仁贵，是当时的沙州长史，张承奉的部将，他娶了索勋的女儿，即张议潮的外孙女，与张索两家攀上姻亲。曹议金代张氏执掌瓜沙军政大权时，中原正处在群雄割据、军阀混战之中。当时的瓜沙政权，东有甘州回鹘威胁，西有于阗虎视，处在夹击之中。曹议金审时度势，权衡利弊，吸取张承奉割地称王、与回鹘为敌的教训，为瓜沙二州昌盛，制定了与张氏不同的新政策。

曹议金首先去王号，恢复节度使旧称，自称归义军节度使兵马留后，奉中原为正朔。923年，后唐朝廷授曹议金为归义军节度使、沙州刺史、检校司空，使其政权合法化。面对四邻的虎视，曹议金对近邻采取修好政策。东结回鹘，娶甘州可汗女为夫人，又嫁女给回鹘可汗为妻。西和于阗，嫁女给于阗王李圣天为后。这样，与甘州、于阗关系密切，往来不断，加强了民族团结，保证了边疆安定。925年，乘甘州回鹘汗位交替之机，进行征讨，使其屈服。新立的回鹘可汗迎娶曹议金之女，成为曹议金的子婿，终于一雪张承奉向回鹘可汗称子之耻。

与张氏一样，曹氏一家非常信佛，几乎历任归义军节度使都在莫高窟修建自己的功德窟。后唐同光年间（923—926）曹议金作为窟主建功德窟，即今五代莫高窟第98窟，后代称为“大王窟”。这一时期，敦煌地方势力加强，曹议金实际上就是敦煌一方之王，所以第98窟面积很大，规模宏伟，前所未有。“一窟之中，宛然三界”，窟内绘制了十一铺巨型经变，想必在设计时就打算将整个佛教世界都装进这个洞窟。

莫高窟第98窟　窟顶东南角　东方天王　五代

本窟艺术水平虽不及唐代，但却仍有唐风余韵，可谓五代壁画的最佳代表。主室窟顶四角凹陷绘四大天王镇窟护法，坐镇东南角的为东方天王。天王盘左腿，伸右腿，左手抚膝，右手握宝棒，气势赳赳，红面黑髯，大眼圆睁，其形象类似现代年画中的门神。两旁还有天王率领的药叉鬼众伴随，更显出天王的魁梧稳重。甬道南壁画曹议金父子供养像，北壁画张议潮、索勋等供养像，主室四壁下部绘曹议金的三位夫人，即回鹘公主、钜鹿索氏和广平宋氏，东壁门南北绘于阗国王李圣天夫妇供养像。此窟是曹氏家窟，窟内现存供养人共251身，现存供养人题名163条，充分反映了曹氏家族的兴盛与强大。

文殊菩萨搬家啦

文殊菩萨是佛教中最聪明的菩萨，号称“智慧第一”。佛经记载，文殊出生于古印度舍卫国的一个婆罗门家庭，绝对是一位货真价实的印度菩萨。按道理，他居住传法的地方应该在印度才对。可是后来喜欢他的中国人越来越多，文殊菩萨的家也就被搬到了中国。最初，佛经中只是说文殊菩萨居住在“清凉山”。清凉山在哪里？传来传去，有人说东北方的震旦国有一座五顶山，就是文殊菩萨的清凉山。震旦，是古代对中国的一种称呼，中国东北方的五顶山，那不就是五台山嘛！唐代，大家都相信清凉山就是中国的五台山，文殊菩萨的家就这样被从印度搬到了中国山西省五台县境内。不仅中国人自己对这种说法坚信不疑，连印度人都一起信了，当时北印度罽宾国僧人佛陀波利就不远万里来到中国的五台山，想要亲眼见见文殊菩萨！

唐宋时期，文殊菩萨成了整个东亚地区的偶像，巡礼五台山成为当时最时髦的社会活动。但不是每个人都有财力和体力亲自到五台山看看的，对于东亚地区的很多老百姓来说，巡礼五台山仍然是件奢侈的事。特别是有时周边地区跟中原王朝关系不好，人家不让你入境，你就只能干瞪眼！于是，为了方便大家热爱文殊，很多地方都想到一个好办法，干脆在自家地界找个跟五台山相似的山头，模仿五台山修一个“小五台山”。比如西夏就在贺兰山里修了个“北五台山”，日本在多武峰修了自己的“五台山”，也宣称文殊菩萨的家在他们那里。

同样，这时的敦煌人有不少亲自到中原的五台山去巡礼的，他们带回了很多关于五台山的传说故事。但在那个没有高铁、飞机的时代，山西的五台山离敦煌还是太远，大多数敦煌人一生都可能没能力亲身到达五台山，大家也很想把文殊菩萨的家搬到敦煌。于是，作为当地最高军政长官的归义军节度使曹元忠和他的夫人翟氏，想到一个更切合敦煌实际的办法。别人修山，咱们开窟，把文殊菩萨的家搬到莫高窟！五代莫高窟第61窟，又称“文殊堂”，就是曹元忠夫妇给文殊菩萨

莫高窟第61窟　主室内景　五代

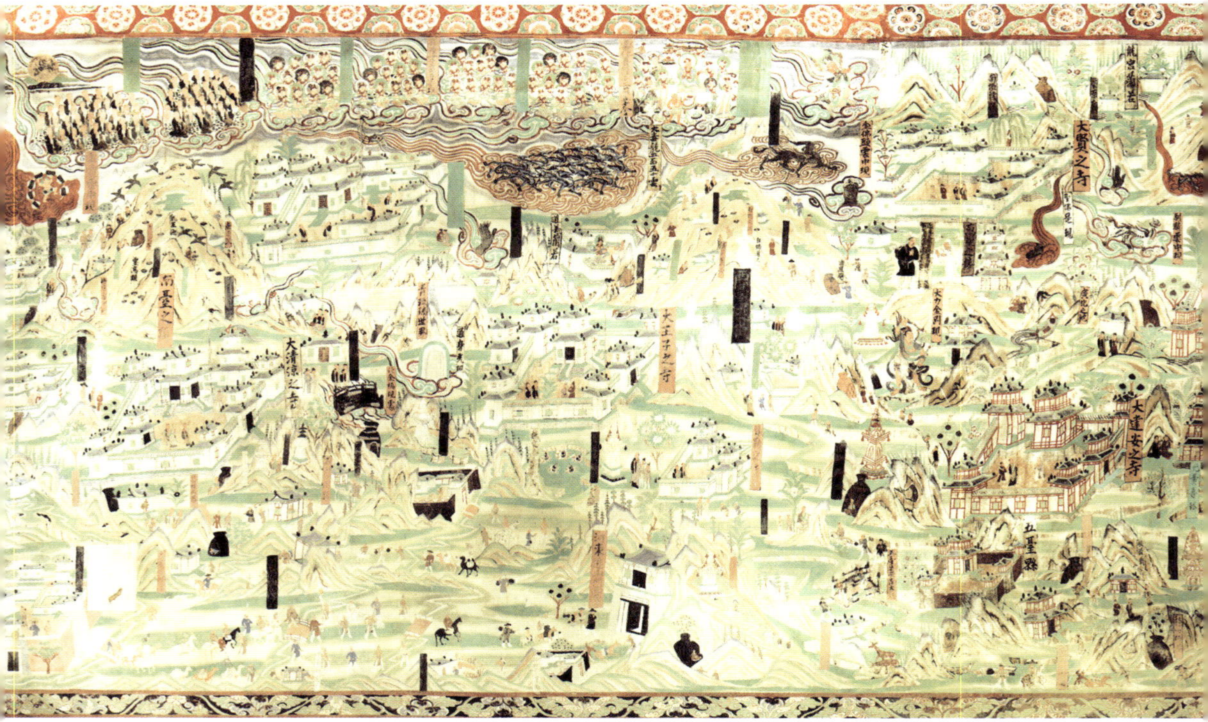

安的敦煌之家。

这座洞窟约建于947至951年之间，开凿时破坏了隋代的第62、63两个小窟。主室背屏式中心佛坛上，彩塑像现已不存。根据背屏上残存的狮尾，佛坛上残存的一只狮爪，可知主尊原为骑着狮子的文殊菩萨。主室西壁绘五台山图，高3.42米，长13.45米，平面面积达46平方米。北魏时期，五台山已经兴建了许多寺院。隋唐以后，随着佛教在中国的发展，佛事更加兴隆，带有很多神话色彩的“五台圣迹”更是盛名远播。最早的五台山图创制于唐龙朔年间（661—663），由沙门会赜对五台山进行考察之后绘制。长庆四年（824），吐蕃遣使到长安

莫高窟第61窟　西壁　五台山图　五代

求五台山图，此图才传入敦煌，并产生了深远的影响。

本窟五台山图画面分三层：下层表现五台山区内的城池县镇和名胜古迹与当时的社会宗教活动，如河北正定县、忻州定襄县、五台县、石岭关镇、永昌之县等五处，各种店铺、住宿、养马等旅店十一处，行旅队伍中有数起送贡使。中层，表现神人交往的宗教世界活动，有大量寺院、楼阁兰若、茅庵塔庙，有修行的和尚，有佛像，有善男信女，也有天空神变。上层主要表现想象的天空幻化神变，共三十多种，如雷电云中现、佛手云中现、灵鸟现、金龙云中现、功德天女现、金色世界现等。整个画面大部分是现实世界的象征图，保存了大量历史资料。

学院派的程式化

曹氏归义军时期，敦煌的佛教文化与艺术形成了地区性的繁荣景象。节度使衙门设立了画院、伎术院，民间也成立了画行，形成了院派特色。从五代开始，敦煌石窟艺术主要因袭晚唐传统，在画院画师或画行画匠的率领下，在公式化的经变画上形成了统一的风格，表现技法、艺术水平都远不及唐代，但因为实现了团队协作，在巨型壁画的制作上却有独特的成就。到北宋时期，这种学院派的特色越来越发展出程式化的特征，使壁画构图规整统一而缺乏唐代那种自由洒脱的个性。

虽然敦煌这时仍是陆上交通的重镇，但随着海上丝绸之路的兴起，其贸易中转站的地位明显下降。因此，敦煌地区不再像以前那样容易获得来自东西方丰富的颜料，受此限制壁画大量使用石青石绿等少数几样颜料，使本来就程式化的壁画更加显得清冷单调。作为归义军节度使曹元忠功德窟的北宋莫高窟第55窟，无论石窟空间、彩塑还是壁画，都规模宏伟，不亚于之前的五代时期，整体上给人以一种“力虽不胜，尚思奋飞”的感受。但在壁画的绘制上，也避免不了一片青绿、“看上去很冷”的特点。

此窟营建于公元962年前后，主室中心佛坛上的弥勒三会群塑，莫高窟仅本窟有这一题材的造像。佛经讲，弥勒初会说法，九十六亿人成为罗汉；二会说法，九十四亿比丘成为罗汉；三会说法，九十二亿沙门成为罗汉。此窟现存弥勒倚坐像三身，分塑于佛坛西、南、北三边，成三足鼎立之形，用以表示弥勒三会。尚存有三身菩萨像、一身弟子像、一身天王像，分别侍立于弥勒像之侧。另有二身肩负弥勒佛座的天王像。莫高窟所存宋代彩塑不多，这是其中保存最好的一组，造型、衣饰依然保有唐风，只是不如唐塑生动有力。佛坛的背屏直通洞窟的窟顶西披。西披上绘有弥勒经变，展现弥勒佛主持的未来世界的美好景象，与佛坛上的弥勒三会群塑珠联璧合、相映生辉。

莫高窟第55窟　主室内景　北宋

释迦牟尼的八座纪念塔

在释迦牟尼离世后，按照佛教习俗，他的肉身被火化，燃烧之后形成的遗骨被称为“舍利”。当时舍利被分成八份，由印度八个国王分别带回自己的国家建塔收藏。这八座舍利塔被称为“八大灵塔”，分别建在释迦牟尼一生经过的最重要的八个地点，即他出生的地方迦毗罗卫国蓝毗尼园、成道的摩揭陀国尼连禅河边的菩提树下、初转法轮的迦尸国波罗奈城鹿野苑、现大神通的舍卫国祇园精舍、从忉利天自宝阶降下的桑伽尸国曲女城、使分离僧众归为一处的王舍城、预告涅槃时所在的广严城和最后涅槃时所在的拘尸那城娑罗林。后来，佛教艺术中出现了“八塔变”，用八座塔来表现释迦牟尼一生中八个重要事件，即树下诞生、降魔成道、初转法轮、舍卫城神变、调伏醉象、降忉利天、猕猴献蜜和涅槃。

北宋时期，“八塔变”被绘进了莫高窟第76窟的主室东壁门两侧，描绘释迦牟尼从出生到涅槃的八个阶段。整个画面以窟门为界，南北各画有四塔，并分作上下两排：上排所画的四塔保存完好，有释迦牟尼降生第一塔，初转法轮第三塔，祇园精舍第五塔，猕猴奉蜜第七塔；下排的四塔均已残损不清，无法辨识。在绘画技法上，画面虽简略却十分生动，赭红色线描虽细却刚劲有力。现存实物在莫高窟仅此一铺，又有极为清楚的壁画榜题，在北宋的敦煌壁画中属上乘之作。

释迦牟尼降生第一塔位于东壁窟门南侧，塔下榜题为："粤我本师释迦牟尼佛泯形兜率，降迹迦毗，乘白象而示应示生，蹑青莲而指天指地。净饭王捧持太子，阿私仙占相吉凶，称云定是法王，救度一切。果然厌四生苦，奉观六道群迷，逾城弃生死之萦纡，雪山证菩提之满果。此处降生第一塔也。"壁画按榜题所记载的顺序，绘制了佛传故事的九个情节：（1）树下诞生；（2）九龙灌顶；（3）王捧太子；（4）相师占相；（5）夜半逾城；（6）辞别车匿；（7）雪山落发；（8）六年苦行；（9）熙连澡浴。此图的特点是：人物、情景非常简略而有重点，所以整个画面清楚易于辨识，画中的人物无论尊卑贵贱长幼均着犊鼻裤，这在敦煌壁画中极为罕见。

初转法轮第三塔位于东壁窟门南侧，图中央绘一塔正面开龛，龛内绘有结跏趺坐、双手合十的三佛，为释迦牟尼佛的法身、报身和应身。塔下正中榜题为："于是慈云普覆，悲智发明，应因地之愿心，受梵王之启请，赴波罗奈国鹿野苑中，化昆季之五人，始宣扬于四谛。此处初转法轮第三塔也。"塔外左右各画三位跪于莲上、双手合十的菩萨，左侧菩萨旁书榜题为"文殊菩萨摩诃萨等来赴法会"，右侧菩萨旁书榜题为"普贤菩萨摩诃萨等赴法会"。塔外原右下角画穿俗装而立的憍陈如等五人，旁书榜题云"教化昆季五人处"，左下角画五位身着袈裟、双手合十而立的比丘，旁书榜题云"五比丘闻四谛法轮时"，此两

文殊菩薩摩訶薩等来赴法會
普賢菩薩摩訶薩等赴法會
五比丘聞四諦法輪時

莫高窟第76窟　东壁门南　第一塔和第三塔　北宋

1—16

莫高窟第76窟　东壁门北　第五塔和第七塔　北宋

画描绘的就是憍陈如等五人最先皈依佛门。

祇园精舍第五塔位于东壁窟门北侧，塔外右侧所画为佛传中的舍利弗选建精舍的地址与给孤长者铺金买地的情节。画中二人均面塔而立，舍利弗着袈裟，给孤长者穿世俗装；塔外左侧绘制的是祇陀太子和给孤长者请佛安居精舍的画面，两人均着世俗装面塔而立；旁书榜题云“祇太子给孤长者请佛安居”。塔外左下角画两人，一个双手托鲜花盘跪于地上，一个双手合十而立，其旁有榜题云“波斯匿王献花供养”。塔外右下角画五个双手合十跪地的人，旁书榜题云“外道师五人归依佛时”。

猕猴奉蜜第七塔位于东壁窟门北侧，塔下正中榜题为：“吠舍城内猕猴奉蜜于世尊，佛即纳之，身心欢喜而作舞，失足陷井，命终生天。此地兴隆第七塔也。”整个故事的画面从左下角展开，绘有三个站立交谈的比丘，其上部有二菩萨面塔而立，旁有榜题云“菩萨声闻从佛会时”。接下来是主要的情节，塔外右侧画有一猕猴专心致志地采蜜，塔龛内绘释迦牟尼佛坐于莲座之上，接受稚诚的猕猴所献的蜂蜜。龛外右下角绘因欢喜而手舞足蹈的猕猴，因一时得意而失足陷阱，两腿拼命挣扎最后丧生，旁有榜题云“猕猴命终得生天上散花供养”。在绘画技巧上，虽然仅用寥寥的几笔赭红线进行描绘，却将猴子的性格表现得十分鲜明。

穿龙袍的回鹘可汗

回鹘，是中国古代的少数民族，唐朝时从漠北迁到河西一带，主要有甘州回鹘、沙州回鹘和西州回鹘等几支。北宋初，党项羌人与甘州回鹘发生冲突，一部分回鹘人向西迁移到瓜沙，故名沙州回鹘。归义军晚期，敦煌统治者曹氏家族势力衰退而回鹘力量大增。到了曹宗寿与曹贤顺主持归义军时期，敦煌名义上为曹氏归义军政权管辖，实际则由沙州回鹘人统治着。

敦煌历史上是否存在过沙州回鹘政权（1030—1068），一直是瓜沙历史上最大的一个谜团，但在石窟中确实存在一批回鹘风格的洞窟。回鹘风格的作品，明显受到了吐鲁番高昌回鹘艺术的影响，具有十分鲜明的民族特点。简单说，绘画简率粗放，松散疏朗，热烈明快，装饰趣味浓厚。在人物画方面，无论是佛菩萨还是世俗人物，多数身材健硕圆润，由字形的胖脸，配以柳叶似的眯眼。在沙州回鹘重修的莫高窟第409窟，还留下了回鹘可汗和王妃的肖像。

此窟东壁门南绘回鹘可汗供养像，他是重修此窟的施主。画中回

莫高窟第409窟　东壁门南　回鹘可汗像　沙州回鹘时期

鹘可汗头戴桃形冠，身着圆领窄袖团龙袍，于腰中束带，上垂解结锥、短刀、火镰、荷包等物，脚穿白色毡靴；面相浑圆、秃发、柳叶形眼。身前立一少年，穿着打扮与施主相近，应是他的儿子。回鹘可汗身后有八个侍从，分别为他张伞盖、执扇、捧弓箭、举宝剑、持金瓜、背盾牌。东壁门北绘回鹘王妃供养像，共两身。画中二女供养人均头戴桃形凤冠，宽发双髻抱面，耳垂大环，身着大翻领窄袖长袍。第一身王妃像前，有一站立孩童，秃发、袒裸上身，可能是她年幼的孩子。此图在绘制手法上，以土红色勾勒凤冠和衣纹，线描为较粗的兰叶描，衣褶在密集处运用回笔，但笔力稍弱。

莫高窟第409窟　东壁门北　回鹘王妃像　沙州回鹘时期

那些住世的罗汉们

佛经中说，在释迦牟尼离世五十六亿七千万年之后，未来佛弥勒才会降世。传说，在释迦涅槃后八百年中，有一位法号庆友的罗汉继续为信徒们传播佛法。有一天，庆友对大家说，他马上也要涅槃了。此话一出，粉丝们立刻哭成一团。大家说，释迦佛祖不在了，全靠庆友师父继续教导，如今庆友师父也要走了，这可咋办？庆友告诉大家，佛陀涅槃时早有交代，在弥勒佛到来之前，还有十六位罗汉常住世间教授佛法，让大家不要惊慌。在粉丝们的热切询问下，庆友说出了十六罗汉的姓名、居住地，以及他们的行事风格，并让大家放心，说其实十六罗汉常常现身各种法会，只是行事低调不易被世人发现而已。十六罗汉长什么样？沙州回鹘时期的莫高窟第97窟里，就有他们每个人的肖像。

本窟主室南、北、东三壁，分上下两排绘罗汉像共十六幅，每身罗汉均有榜题颂词，所书名称及住处。这些文字，不仅与唐玄奘翻译的《法住记》一致，它们的底稿还被保存在了敦煌藏经洞中。北壁上下绘罗汉图共六幅。画中上排左侧是十六罗汉中的第一尊者——西瞿陀尼洲宾度罗跋啰惰阇及其侍从之像。罗汉结跏趺坐于山石之上，方脸，宽额，广颐，倒挂眉，大颧骨，筋骨棱角清楚，双手合十，做虔心默诵佛经的样子，内着交领衣，外披袈裟。旁边一位长圆形脸、头束红巾、裸上身、披络腋、赤足的男侍从，手捧宝珠做供奉之状。上排中间为迦诺迦跋厘惰阇尊者。长眉，大鼻，阔嘴，披袈裟，盘腿侧身坐于山石上，左手抚膝，右手举锤；山石脚下一侧有河，岸边有鹿，坡上置一大盘，从中放射出五色彩光。其状貌怪异，从而表现罗汉的超凡入圣，这样的手法，与五代绘制十六罗汉的大师贯休如出一辙。

南壁上下绘罗汉图共六幅。上排西起第一幅，为香醉山中第九尊者戍博迦。罗汉秃头，长眉，身披袈裟，脚穿云头鞋，双手拄杖，坐

莫高窟第97窟　北壁　罗汉　沙州回鹘时期

莫高窟第97窟　南壁　第九尊者戍博迦　沙州回鹘时期

莫高窟第97窟　南壁　第十一尊者罗睺罗　沙州回鹘时期

于石上，做慈悲垂愍之态。石后绘花丛，罗汉身前立一小僧，双手合十礼拜供养，代表罗汉诸眷属。壁画风格颇粗犷，但亦能传神。上排中央所绘尊者，已多剥落，画面、榜题均已残缺。细辨之，可知为十六罗汉中的第十一尊者罗睺罗，是释迦牟尼在俗世时为悉达多太子时所生的儿子，后随父出家为沙弥，系十大弟子之一，同其他十五罗汉一样，奉释迦牟尼之命，常住人世，济度众生。

观音菩萨的变装秀

观音菩萨是佛教众神中最接地气的一位神仙，除了佛经中说的三十三种变化，到了后来在各种民间传说中其他变化也频频出现，比如鱼篮观音、蛤蜊观音、马郎妇观音……观音菩萨，早已超脱出神界，走进平常百姓的生活。当然，每次出现时观音菩萨的装扮也不一样，最明显的是每次出场道具各不相同。西夏莫高窟第3窟除门顶、窟顶、龛内以外，其余各处都绘观音菩萨，使这个洞窟看起来就像是一场观音菩萨的变装秀。

莫高窟第3窟　西壁龛外南侧　白衣观音　西夏

主室西壁龛外南北两侧绘白衣观音，菩萨披素白袈裟，踏白莲花。观音菩萨常穿白衣，起初被佛祖点化来到普陀山时，就是全身素白，所以也被称为“白衣大士”，又因住白莲中，又称“白处观音”。白色表示内心洁净。画中人物形象虽已模糊，但姿态仍觉生动。白衣观音的信仰在五代宋时期特别流行，历史记载辽太宗耶律德光曾经梦见白衣观音，指导他支持石敬瑭的后晋政权。天显十年（935），辽太宗将白衣观音从幽州大悲阁带到了永州木叶山，并尊为家神。

南北两壁各画千手千眼观音变一铺。观音菩萨以修证圆通、道行无上，而能现诸多妙容；过去因听千光王静住如来说“广大圆满无碍大悲心陀罗尼经”，发誓要安乐利益一切众生，于是身生千手千眼。北壁的千手千眼观音，保存得比南壁更好。壁画以焦墨勾勒，色彩淡雅，造型蕴藉、庄重。画中千手千眼观音，描绘衣裙巾带，时而笔势圆转、酣畅，如行云流水，虽绢帛集束却不失顺风而动的轻柔；时而笔力劲拔顿挫，如兰叶，如折芦，表现出锦、绢、绵、麻等不同质感。人物面容、肢体一律用遒劲的铁线勾勒而成，自然、匀称、丰满，造型十分准确，

莫高窟第3窟　北壁　千手千眼观音变　西夏

细腻的肌肤如有生气。千手千眼的描绘一丝不苟，千姿百态耐人寻味。中国人物画的线描，如铁线描、兰叶描、折芦描、行云流水描等，几乎已荟萃一壁，和谐统一，标志着西夏绘画艺术的高度发展。

东壁窟门内容是千手观音经变中的两个情节，北侧画观音菩萨“七宝施贫儿”，菩萨右臂下垂，伸开掌心，掌心中有各种宝物源源流出，一小儿捧钵接宝；南侧画“甘露施饿鬼”，菩萨左手倒握净水瓶，其下画已模糊不清。此窟的菩萨画像，姿态手势各异，但风格却完全相同，衣冠服饰均为素色，菩萨均身着袈裟，面相如珠玉般圆润，神情庄重善良。像这样略施淡彩而达到形神兼备的画像，莫高窟仅此一窟。

莫高窟第3窟　东壁门北　施宝观音　西夏

莫高窟第3窟　东壁门南　甘露观音　西夏

武官赵麻玉一家

活动在今陕、甘、宁地区的党项人，北宋初年在首领李继迁的率领下，与宋王朝进行对抗。公元1002年，李继迁攻下灵州，称西平府，并迁都于此。1004年，李继迁去世，子德明即位，与宋议和，并把目标转向河西走廊。1028年，李德明遣子元昊灭甘州回鹘；1030年，瓜州王以千骑降。1036年，党项军队攻占敦煌，设瓜州西平监军司管辖此地。党项的地方行政组织也分州（府、军）、县（城、堡）二级制，敦煌仍称沙州。这时的党项，主要是向东与宋、辽争战，无暇西顾，所以这时对沙州的控制还很薄弱。1038年，李元昊称帝，建大夏国，史称西夏。大概在1052年以后，西夏加强了对瓜沙二州的直接控制。

早在魏晋时期就已形成数家世居敦煌的名门望族，到了归义军时期，敦煌地方的政治、军事、经济、文化甚至佛教管理都被少数的几家大姓掌控。在敦煌石窟中，中唐以后供养人像越画越大，归义军时期以节度使为首的重要供养人甚至远远超过了真人大小。这种情况，随着西夏占领敦煌戛然而止。在归义军末期至西夏占领敦煌前期，有

榆林窟第29窟　南壁门东　供养人　西夏

大量重绘的壁画中根本不绘制供养人。我们无法推测出这些重修洞窟的施主是谁，他们可能会成为敦煌石窟研究中永远无法破解的谜题。而那些留下极少供养人的洞窟，也无法提供给我们更多的历史信息。

到了西夏占领敦煌的中晚期，带有西夏文或汉文题记的供养人又重新出现，让我们看到了一场社会巨变。西夏榆林窟第29窟，是当时在沙州监军司中任要职的武官赵麻玉一家主持营建的。赵姓为北宋国姓，曾赐给西夏皇帝，本窟的赵麻玉一家无疑是西夏贵族的一支。他们的出现，说明至迟在西夏后期，敦煌传统世家大族不复旧时的辉煌，这时营建洞窟的主力已经变成了握有实权的西夏武官家族。

本窟南壁门两侧画供养人，其中东侧男供养人中以国师为首，分上下两列，国师坐方形宝座，头有圆光，戴莲花帽，身穿袈裟，右手

榆林窟第29窟　南壁门西　供养人（局部）　西夏

拈花。前有供案，一童子在身后张起圆形的伞盖，床下十名僧人围绕礼拜供养，碑形榜题上墨书西夏文题名，汉译作“真义国师信毕智海”，“信毕”又译作“西壁”“鲜卑”，是西夏的大姓。西夏国师见于记载的多达数十人，这位西壁智海是唯一见于壁画的，因此尤为珍贵。

南壁东侧紧接国师后的上列三身男供养人，为窟主赵麻玉和两个儿子，下列的男性也多为赵麻玉的子孙。上列三人均头戴云镂冠，着圆领窄袖袍，腰间有护牌，束带，着乌皮靴，属武官服饰。他们体格魁梧，面形长圆，两腮丰满，眼细嘴小而唇略厚，为西夏人的外貌特征。南壁西侧由尼僧引领，分上下两列，绘女供养人共六身，包括赵麻玉的岳母、妻子、儿媳等人。世俗女子皆戴花钗冠，穿右衽窄袖绣花衫，内着裙，下着圆口尖钩鞋，形象丰腴而挺拔健美，为西夏贵族妇女的真实写照。

唐僧玄奘的瓜州历险

小时候我们看《西游记》，知道了唐僧师徒四人去西天取经的故事。众所周知，里面唐僧的原型就是撰写了《大唐西域记》、被誉为中国佛教四大翻译家之一的唐代高僧玄奘。《西游记》里的唐僧谨小慎微，靠着三位徒弟的保护最终到达西天取得真经，历史上的玄奘却是个过流沙、入荒漠、翻雪山，一人一马西行五万里的勇猛之人。贞观初年，西北地区并不稳定，因此唐朝禁止百姓西行出境。玄奘法师到了凉州后，就有人向当地的都督李大亮告密，李都督要求玄奘立刻回长安。幸好河西高僧慧威法师派两名弟子护送，三人一路昼伏夜出抵达瓜州。当地刺史独孤达见到玄奘非常高兴，给他讲解了从瓜州渡葫芦河，过玉门关、五烽燧、莫贺延碛到达伊吾的路线。

玄奘在瓜州买了匹马，但慧威的两个弟子只能送他到这儿，继续西行没有向导。正在发愁之时，有一个名叫石槃陀的胡人前来拜访，请求玄奘为他授戒。在得知玄奘要西行求法之后，石槃陀表示愿意帮他偷渡出境。石槃陀又带来一位牵一匹老马的年老胡人，老胡人向他们讲述了路途上的险阻，并说这匹老马曾多次往返瓜州和伊吾，于是玄奘买下了老马。

就这样，玄奘和石槃陀在夜里出发，石槃陀斩木为桥帮玄奘渡过葫芦河。第二天大概是觉得偷渡触犯王法，前方道路又十分艰辛，石槃陀后悔了。他不仅不肯继续向西，因为怕玄奘将来被抓牵连自己，还逼迫玄奘跟他一起回去。直到玄奘发誓就算把自己用刀割成粉末也不会供出石槃陀，并给了石槃陀一匹马作为酬谢，石槃陀才放心独自返程。此后玄奘单身只马设法通过了四个烽燧，为躲避第五个烽燧在寻找野马泉时迷路，经八百里流沙四日五夜滴水未进，最后终于凭着一股信念抵达伊吾。从此离开当时的唐境，开启了一生最传奇的西行之旅。

因为石槃陀是一位样貌与汉人不同的胡人，被认为是《西游记》中猴行者孙悟空的原型之一。《西游记》成书于明代，早在这三百多年前的西夏时期，瓜州榆林窟第3窟中就绘制了唐僧取经图。榆林窟第3窟是敦煌石窟晚期最为精彩的一个洞窟，代表了西夏晚期至元代初期敦煌艺术的最高水平。主室西壁绘文殊变与普贤变，图中群峰耸立，奇石突兀，云海辽阔，山峦楼宇，隐现于环山烟云之中，高远幽深。远山瀑布直落，近溪涓水流缓，水墨山水，疏密错落。画中文殊、普贤及其眷属行于云海之中，人物飘逸洒脱，线描技巧炉火纯青，铁线、兰叶、折芦、钉头鼠尾并有，刚柔相济，颇得道教神仙之仙山琼阁的意境。

南侧的普贤变中，普贤菩萨手持梵箧半跏趺坐于六牙白象背上的莲座上，周围跟随着梵天、天王、菩萨、罗汉等侍从。画面左边的崖

榆林窟第3窟　西壁门南　普贤变（局部）西夏

岸上，唐僧立于岸边，身体微躬双手合十而拜，猴行者与白马并排站立，紧随其后。猴行者毛发浓密，面露凶相，双目圆睁，张口露齿，亦双手合十礼拜。白马背驮包袱，包袱放出光芒，可见装有真经，据此可知这一画面是取经后返回东土的情节。或许是因为玄奘和石槃陀在瓜州的故事早已流传，使得在《西游记》成书之前榆林窟就出现了唐僧和猴行者的壁画。

仿佛唐卡挂满洞窟

唐卡一词，是藏文音译，指用彩缎装裱后悬挂供奉的宗教卷轴画。唐卡是藏族文化中一种独具特色的绘画艺术形式，题材内容涉及藏族的历史、政治、文化和社会生活等诸多领域。唐卡传统上是全部采用金、银、珍珠、玛瑙、珊瑚、松石、孔雀石、朱砂等珍贵的矿物宝石，以及藏红花、大黄、蓝靛等植物为颜料以示其神圣。这些天然原料保证了所绘制的唐卡色泽鲜艳、璀璨夺目，虽经几百年的岁月，仍然色泽艳丽明亮。关于唐卡的起源说法不一，有人认为来自印度，又有人认为来自中原的卷轴画，更有人认为来源于与吐蕃和汉地曾经密切交往过的敦煌。无论唐卡起源如何，画中都具有浓浓的藏传佛教艺术风格，而元代榆林窟第4窟的壁画正是如此。

本窟主室覆斗顶，设中心佛坛，坛上为清代塑像一铺九尊。它是元代营建的藏传密教的典型洞窟，壁画样式全为藏式，宛如一幅幅唐卡挂在洞窟之中。但人物细节，特别是面部和服饰，却是汉式和藏式兼有，体现了这时汉藏融合的特色。北宋之后，敦煌艺术急剧衰落，

榆林窟第4窟　主室内景　元代

榆林窟第4窟　主室东壁北侧　说法图　元代

西夏晚期至元代早期大有复兴之势，但这时与之前的艺术题材风格迥异。这时藏传佛教艺术异军突起，仿佛夕阳的余晖，为敦煌晚期艺术映出一片奇绚的彩霞。

主室东壁南北两侧绘说法图，是敦煌艺术中最常见的题材，多以形体较大的主尊为中心，周围围绕着听法的圣众。画中主尊佛身着右袒袈裟，结跏趺坐于莲花之上，左手平置于腹前，右手垂下施触地印。佛座左右，分别侍立年老的迦叶与年少的阿难两位弟子，与画面两边山岭岩洞中修行的弟子合为十大弟子。佛座前两侧各四位供养菩萨，呈现出不同的肤色，其下为二力士、释梵天众及天龙八

榆林窟第4窟　主室北壁西侧　绿度母　元代

部。整个画面与前代壁画迥异，以红、绿、蓝、白四色着色，使画面显得非常艳丽，以锯齿状程式化的图案表现山岩，带有鲜明的藏传佛教特点。

南北两壁分别绘绿度母和白度母。度母，藏语称卓玛，汉译为救度佛母或多罗菩萨。多罗在梵文中意为眼睛，因其产生于大悲观世音菩萨之目而来，又因度母是观世音菩萨变化的救苦救难的本尊，故而又有救度之名。画中绿度母，头戴宝冠，卷发披肩，饰大耳珰，全身绿色，自在地坐于宝座之上。座下莲花从下方的水池中生出，池内莲花盛开，莲座粗大的干茎被龙缠绕，其旁两朵大莲花上各坐一忿怒尊。画面两边的山岩中的为绿度母的化身，锯齿状的山峦交错变化，以不同的色块营造出强烈的对比效果。

参考文献

［1］敦煌文物研究所．中国石窟·敦煌莫高窟（五卷本）［M］．北京：文物出版社，1982—1987.

［2］敦煌研究院．敦煌莫高窟供养人题记［M］．北京：文物出版社，1986.

［3］萧默．敦煌建筑研究［M］．北京：文物出版社，1989.

［4］伯希和．伯希和敦煌石窟笔记［M］．耿昇、唐健宾译．兰州：甘肃人民出版社，1993.

［5］敦煌研究院．“敦煌石窟艺术”丛书［M］．南京：江苏美术出版社，1994—1998.

［6］张伯元．安西榆林窟［M］．成都：四川教育出版社，1995.

［7］敦煌研究院．敦煌石窟内容总录［M］．北京：文物出版社，1996.

［8］谢稚柳．敦煌艺术叙录［M］．上海：上海古籍出版社，1996.

［9］马德．敦煌莫高窟史研究［M］．兰州：甘肃教育出版社，1996.

［10］荣新江．归义军史研究［M］．上海：上海古籍出版社，1996.

［11］敦煌研究院．中国石窟·安西榆林窟［M］．北京：文物出版社，1997．

［12］马德．敦煌工匠资料辑释［M］．兰州：甘肃人民出版社，1997．

［13］季羡林．敦煌学大辞典［M］．上海：上海辞书出版社，1998．

［14］马德．敦煌石窟知识辞典［M］．兰州：甘肃人民美术出版社，2000．

［15］刘进宝．藏经洞之谜［M］．兰州：甘肃人民出版社，2000．

［16］荣新江．敦煌学十八讲［M］．北京：北京大学出版社，2001．

［17］彭金章，王建军．敦煌莫高窟北区石窟（第三卷）［M］．北京：文物出版社，2004．

［18］公维章．涅槃、净土的殿堂：敦煌莫高窟第148窟研究［M］．北京：民族出版社，2004．

［19］赵声良．敦煌壁画风景研究［M］．北京：中华书局，2005．

［20］贺世哲．敦煌图像研究·十六国北朝卷［M］．兰州：甘肃教育出版社，2006．

［21］于小冬．藏传佛教绘画史［M］．南京：江苏美术出版社，2006．

［22］孙晓岗．文殊菩萨图像学研究［M］．兰州：甘肃人民美术出版社，2007．

［23］沙武田．敦煌画稿研究［M］．北京：中央编译出版社，2007．

[24] 张亚莎.11世纪西藏的佛教艺术——从扎塘寺壁画研究出发[M].北京：中国藏学出版社，2008.

[25] 杜斗城，等.河西佛教史[M].北京：中国社会科学出版社，2009.

[26] 赖鹏举.敦煌石窟造像思想研究[M].北京：文物出版社，2009.

[27] 杨森.敦煌壁画家具图像研究[M].北京：民族出版社，2010.

[28] 樊锦诗，蔡伟堂，黄文昆.莫高窟第266~275窟考古报告[M].北京：文物出版社，2011.

[29] 敦煌研究院.榆林窟研究论文集[M].上海：上海辞书出版社，2011.

[30] 敦煌研究院，甘肃省文物局.甘肃石窟志[M].兰州：甘肃教育出版社，2011.

[31] 陈菊霞.敦煌翟氏研究[M].北京：民族出版社，2012.

[32] 沙武田.吐蕃统治时期敦煌石窟研究[M].北京：中国社会科学出版社，2013.

[33] 王惠民.敦煌佛教与石窟营建[M].兰州：甘肃教育出版社，2013.

[34] 赵声良.敦煌石窟艺术总论[M].兰州：甘肃教育出版社，2013.

[35] 杨富学.回鹘与敦煌[M].兰州：甘肃教育出版社，2013.

［36］魏文斌，张利明．西游记壁画与玄奘取经图像［M］．南京：江苏凤凰美术出版社，2019.

［37］郑炳林，郑怡楠．敦煌碑铭赞辑释（增订本）［M］．上海：上海古籍出版社，2019.